CLÉMENTINE DABADIE

DOG

roman

GALLIMARD

Au général Jacques Fombonne.

«J'aurais préféré avoir un père
que ne pas avoir un héros.»

Romain Gary

La première fois que j'ai senti la mort, je n'avais pas encore mon flair de chienne.

Des relents d'ammoniaque, de beurre rance et de soufre ont infiltré mes sinus à la vitesse d'une balle traçante.

Des odeurs putrides, pas très éloignées de celles des cadavres qui jalonneraient mon existence.

I

1

Je m'appelle Delphine Olberg.

L'année de mes dix-neuf ans, par une glaciale matinée de novembre, j'ai claqué la porte de la maison. Furibarde, je me suis arrêtée dans l'allée menant au portail du pavillon, regrettant déjà mon humeur de doberman.

Je déteste casser les rituels. Chez nous, celui du matin était important parce qu'il nous réunissait à sept heures trente pétantes dans la cuisine : une famille douchée, habillée de frais et, politesse non négociable imposée par ma mère, causante et de bonne humeur. La table du petit déjeuner débordait de toutes ces bonnes choses que mon père et moi adorions, des minisardines, du foie de morue, des œufs de cabillaud et parfois, suprême gourmandise, de la pâte aux crevettes et au fromage, importée de Suède. Luisa, ma mère, virevoltait, volubile. Elle effleurait d'une main experte les sept fronces au dos de la chemise bleue de mon père qu'il avait lui-même impeccablement repassée, en respectant l'espacement d'une grosse boîte d'allumettes entre chaque pli, vieille coutume militaire, la preuve du travail bien fait. Les deux teckels, Narvik et Borodino, assis sur leur derrière poilu, louchaient sur la main du maître, attendant le morceau de poisson qui tombait sitôt la dernière bouchée des humains avalée. Le double claquement de mâchoires donnait le signal du départ, le branle-bas de combat. D'habitude, à ce moment-là, j'embrassais mes parents avant de rejoindre le bus 821 qui tournait à huit heures douze au coin de la rue ; mon père attrapait son képi au crochet de l'entrée et Luisa rangeait la cuisine en chantonnant.

Je n'ai pas embrassé Luisa ou caressé les teckels, ni demandé à mon père le menu de sa journée. Nous étions fâchés depuis la veille, un sujet de discorde récurrent : le GIGN. Ignorant mon air boudeur, il s'est adressé à ma mère : « Ne se fâche pas avec moi qui veut ! » Luisa l'a traité de petit Talleyrand et ils ont ri, complices. J'ai quitté la maison sans me retourner, ulcérée, malheureuse, déterminée à ne pas lâcher l'affaire. En traversant la rue, toute l'injustice du monde m'a fouettée au sang, ravivant ma colère. L'orgueil – et aussi une secrète envie de faire souffrir Luisa sans trop savoir pourquoi – m'a empêchée de faire demi-tour et la paix avec les miens. Je me suis enfoncée dans les ruelles enneigées de Satory, pressée de me débarrasser des sentiments contradictoires qui m'oppressaient. Une neige, précoce en cette saison, blanchissait l'atmosphère, pas assez pour bloquer la route jusqu'à l'arrêt du bus, mais suffisamment pour ralentir la marche sur un terrain par endroits verglacé. En baissant les yeux, la vision de mes nouvelles baskets argentées, telle la plume magique de Dumbo, m'a redonné confiance en moi.

Je suis née à Satory. À l'époque, mon père était affecté à l'escadron de gendarmerie mobile comme commandant de peloton. Par la suite, la famille Olberg a pas mal bourlingué, au gré des affectations, pour enfin revenir à Satory occuper un pavillon à la lisière du quartier Moncey, en bordure d'un terrain encore en friche.

Satory, quatre cent soixante hectares appartenant au ministère de la Défense. Un site sur la commune de Versailles, coupé de la ville par la nationale 12, entouré d'une ceinture forestière, qui ressemble à un habitat collectif des années soixante-dix, avec ses casernements et ses terrains militaires.

Environ cinq mille gendarmes, des soldats et des marins travaillent dans la caserne qu'ils occupent avec leur famille. Une caserne, mais aussi un village. De petits immeubles, des maisons, un centre commercial, des écoles. Dans l'alignement des rues, la vie quotidienne se déroule en jeux d'enfants, en discussions de voisins qui sortent leur chien, en petits événements banals. Une ville dans la ville, avec ses *desperate housewives* à la française. Mais à Satory, si tout le monde se connaît et si tout le monde est du même milieu, chacun est de passage. Ici, ni vieux ni pauvres, pas de chômeurs, pas d'étrangers. Les attractions sont rares, les barbecues du dimanche et le centre commercial ne suffisent pas à rendre l'endroit follement gai. Pourtant, personne n'échangerait son quartier pour un autre.

J'aimais cette base militaire qui dégageait une atmosphère de tranquillité particulière et rassurante.

La pureté de l'air me gelait les dents. Je songeais à ma Baba Lena adorée, ma grand-mère paternelle qui avait bercé mon enfance de ses récits de maquisarde dans les plaines glacées de Lettonie. Baba Lena avait acquis malgré elle le statut d'apatride lorsque l'URSS avait annexé son pays en 1940, pour trouver refuge en Suède où elle avait rangé ses fusils et fondé une famille. Le mot apatride me fascinait, comment pouvait-on ne pas avoir de pays ?

En ouvrant le portail du pavillon, j'ai entendu résonner dans ma tête la voix de Krister, le mari de ma grand-mère, un géant blond adorable. Lorsqu'elle lui faisait la guerre du haut de son mètre soixante, il lui disait : « Tu es comme la Lettonie, tu emmerdes tout le monde et tu n'as de place nulle part ! »

Lorsque le 821 a tourné son cul vert au coin de la rue, j'étais, moi aussi, terriblement apatride.

2

Dans un mouvement de rébellion, je ne suis pas montée dans le bus. La fac de droit m'ennuyait, l'idée de transgresser la routine m'enchantait. J'ai tourné dans le quartier Moncey d'où j'ai aperçu le Bunker, le nom secret que je donnais aux trois bâtiments qui abritaient le GIGN, objet de tous mes fantasmes. Une espèce de camp à l'intérieur du camp, inquiétant comme une forteresse, entouré de fils de fer barbelés, de détecteurs, de caméras vidéo et thermiques, éclairé jour et nuit par de puissants spots. Mon père disait qu'ils avaient des ruches à miel sur le toit, ce n'était peut-être pas vrai, mais au GIGN, rien d'impossible, alors pourquoi pas ?

Les membres du Groupe, pour les trois quarts tireurs d'élite, brûlent chaque année, et cela m'impressionnait beaucoup, plus de 90 % des munitions de toute la gendarmerie qui compte pourtant cent mille hommes. Je me demandais si les gendarmes avaient pour consigne de tirer à vue sur tout intrus trop curieux. Blam ! J'ai accéléré le pas en passant devant la porte principale par laquelle on ne devait pénétrer qu'au terme d'une fouille minutieuse, après que vos empreintes digitales puis votre code personnel ont été acceptés par le détecteur. L'aménagement intérieur que j'imaginais ultramoderne devait abriter les salles de combat, les stands de tir, les espaces spécialement aménagés pour recréer l'intérieur d'un Airbus ou d'une ambassade et pouvoir, à l'entraînement, répéter les gestes spécifiques à chaque mission. Dans les entrailles du bâtiment, l'enfilade des zones de stockage du matériel avec les appareils de vision nocturne, les téléphones satellites, les moyens de communication, de cryptage, les parachutes, les combinaisons de plongée, et puis, bien sûr, les armes. Des armes si modernes qu'on ne les trouvait nulle part ailleurs.

Puis ont défilé dans mon imaginaire enfiévré les garages avec les Zodiacs, les chenils, abritant des malinois dressés à l'attaque que l'on devait utiliser comme des armes de guerre pour neutraliser l'ennemi.

À l'extérieur du Bunker, ça je l'avais vu dans un documentaire, la piscine dans laquelle, pour s'aguerrir, on nageait le plus souvent pieds et poings liés. Je m'entraînais à ramper dans le jardin en m'attachant les pieds comme ceux que j'avais vus lutter dans les bassins.

Je me doutais bien que peu avaient le privilège d'entendre le bruit du sas de sécurité se refermer derrière eux. Le commun des mortels restait dehors.

Moi, j'y entrerais.

3

J'appréhendais la situation avec lucidité. Si je devais intégrer la gendarmerie puis le GIGN, ce serait sans le soutien de mon père. Nous en avions souvent parlé, enfin surtout moi. J'en avais plus qu'assez d'entendre que ce n'était pas un métier pour une femme, que je ne pourrais pas mener de front une carrière militaire aussi dangereuse et une vie de famille épanouie, que les épreuves étaient trop difficiles, bref que tout était trop dur pour une fille. Cette extase devant les qualités viriles exigées du gendarme idéal m'exaspérait. À dix-neuf ans, j'avais la certitude chevillée au corps d'avoir acquis la maturité qui me permettrait, aussi bien qu'un homme, de faire face à tous les dangers.

Pourtant, malgré sa résistance face à ma vocation, la froideur qu'il me manifestait, son ton cassant lorsque je lui tenais tête, je vénérais mon père. Il était mon héros, un soldat qui partait se battre de longs mois, parfois à l'autre bout du monde. Lorsqu'il revenait parmi nous, ma mère recommençait à rire et la maison s'imprégnait d'une ambiance semblable à celle de Noël, éphémère, joyeuse, permissive. Nous savions qu'il repartirait bientôt, nous laissant dans notre quotidien, notre attente, mais c'était notre vie et nous l'acceptions sans penser qu'elle aurait pu être différente. Chez nous, les absents avaient toujours raison.

Jean-Pierre Olberg était beau. Grand, viril, blond, avec du caractère. Un beau cul, disait mon amie Nathalie pour me choquer, qualité finalement assez rare chez un homme ; une petite cicatrice virgulait sa lèvre supérieure, un bête accident de vélo lorsqu'il avait trois ans. Il mettait avec une élégance innée de la grâce dans chacun de ses gestes, soulignant ses propos de ses mains fines, pleines d'énergie ou de douceur, c'était selon. Son front ondulé de rides lorsqu'il s'emballait, ses sourcils froncés quand il voulait convaincre lui donnaient l'air fâché et dix ans de moins quand il riait, détendu.

Dans mes jeunes années, mon père semblait n'avoir d'estime – on ne parle pas de tendresse chez nous – et d'affection que pour sa femme ou ses camarades. Moi, je n'étais que Delphine, la fille, l'erreur de casting, sans doute aurait-il préféré avoir un garçon. En tout cas, c'est ainsi que je percevais les choses. Lorsqu'il était en permission, c'était surtout avec mes cousins, Thomas et Julien, qu'il aimait se détendre. J'étais raide dingue de ces deux jumeaux âgés de cinq ans de plus que moi. Ils avaient beau me torturer – « Tu sais où tu es née ? Dans les chiottes d'une cabane abandonnée, tes parents t'ont trouvée, ils t'ont adoptée par pitié ; tu sentais le caca quand ils t'ont ramenée à la maison » –, je les trouvais admirables et drôles.

Petite, je pensais être trop petite pour que mon père s'intéresse à moi. Mais avec le temps, la distance s'était accentuée. Les sorties du dimanche, c'était presque toujours sans ma mère et moi. Papa emmenait les jumeaux chasser, faire de la moto, tirer au ball-trap ou faire des footings interminables, que des trucs amusants où les filles n'avaient pas leur place.

Si j'avais grandi entourée de garçons bruyants qui occupaient tout l'espace, j'étais heureuse dans cette famille où l'on ne parlait que de faits d'armes, de records sportifs et de dépassement de soi. À table, lorsque mon père racontait son métier, que j'émettais un avis – et je ne me gênais pas pour le faire –, il m'envoyait braire, parfois brutalement, mais cela m'était égal. Déjà, j'apprenais à trouver ma place dans un monde d'hommes que je percevais rude. Mon père disait souvent : « Le mal, le froid ? Des sensations de civils ! », et je mettais un point d'honneur à lui montrer que je n'avais jamais mal, ni jamais froid. Ce qui me faisait de la peine, c'est quand il ne répondait pas à mes questions. Il ne le faisait pas exprès, c'était pire, il ne m'entendait pas, je n'existais pas. Je n'avais pas encore cinq ans, lorsque à la suite d'une bêtise suivie d'une fessée mémorable, j'étais rentrée dans son bureau pour « faire l'armistice ». Je frissonne encore au souvenir du baiser sur mes cheveux.

J'essayais par tous les moyens d'attirer son attention. Il lui fallait de l'excellence alors j'étais imbattable en sport et première en classe. Je connaissais par cœur l'organigramme de la gendarmerie et me passionnais pour toutes ses missions.

J'étais un peu jalouse de ma mère Luisa, première femme dans le cœur de mon héros, mais elle était trop maligne, trop aimante pour en prendre ombrage. Je n'ai jamais été très tendre avec elle, elle prenait beaucoup de place entre papa et moi. À neuf ans, je l'appelais par son prénom. Papa avait essayé de me faire perdre cette méchante habitude, mais je m'étais entêtée. Luisa disait qu'elle s'en fichait, après tout, elle était le père et la mère dans cette maison ; elle en plaisantait avec légèreté pour que mon père ne se vexe pas, mais se sente quand même un peu coupable. Il la prenait dans ses bras, ils s'embrassaient et je la détestais.

Luisa était jolie, brune, fine, rieuse, déliée. Le contraire de moi, blonde, taiseuse, toujours à me cogner dans les angles. Je ne lui ressemble pas. Si nous sommes l'enfant d'un de nos deux parents, j'étais celle de mon père. J'aurais pu grandir sans Luisa, elle ne m'aurait pas manqué. L'ai-je seulement aimée ? Elle m'évoquait des choses pratiques, l'école, les courses, une maison propre. Les câlins du soir, des chansons douces. La tarte aux poireaux qu'elle m'apportait après le tennis, croustillante et tiède, enroulée dans un petit torchon en lin à carreaux rouges, ne m'avait pas rendue plus aimable. La petite fille de Luisa rêvait de faire la guerre, pas de jouer à la poupée.

Je la bassinais pour qu'elle me raconte des anecdotes sur mon père. Celle que je préférais était celle de ma naissance. Je ne m'en lassais pas. Il était tellement heureux qu'il s'était évanoui à la clinique lorsque l'infirmière m'avait déposée dans ses bras ! Il ne m'avait jamais lâchée, me protégeant dans sa chute au creux de ses grands bras.

J'aimais fureter dans son bureau. Je descendais la nuit, une fois la maison endormie, armée d'une lampe de poche et, allez savoir pourquoi, d'une loupe. C'était interdit, dangereux, délicieux. La suavité légèrement écœurante des cuirs, le poivre des fusils, la lavande, certains vieux livres qui sentaient l'amande, et d'autres odeurs que je ne savais pas encore identifier ne me quitteront jamais.

Les armes me passionnaient. Je feuilletais ses brochures de démontage avec plus de gourmandise que n'importe quel manuel de Castor Junior. À dix ans, le pistolet automatique MAC 50 ou le fusil MAS 36, deux armes de collection, n'avaient plus de secrets pour moi.

Oui, je rêvais de rentrer au GIGN, je ne pensais même qu'à cela. Les garçons du lycée se moquaient de moi, cela m'était égal. Mon père ne voulait rien entendre, seule Luisa m'encourageait. Comme elle m'agaçait.

Ce matin-là, du haut de mes dix-neuf ans, je m'étais disputée avec mon père pour la dernière fois. Il ne plierait jamais, ne m'aiderait pas. Tant pis, l'année prochaine, je m'engagerais et préparerais l'école de sous-officiers à Montluçon. Avant trente ans, après quelques années de service au sein de la gendarmerie, j'intégrerais le GIGN, prouvant ainsi au colonel Olberg que moi aussi j'avais des couilles.

Requinquée, j'ai sauté dans le bus.

4

À mon retour de la fac, la maison était vide. Un coup d'œil sur la pendule du salon : Luisa et les deux teckels étaient arrivés à Ambert, chez mes grands-parents maternels où ils passeraient la deuxième semaine des vacances de la Toussaint. Après des années sur le terrain, mon père occupait un poste d'état-major à Satory, chargé de la formation des escadrons et de l'achat du matériel technique. Je n'ai jamais bien compris cette logique militaire qui consiste à placarder les officiers en fin de carrière, mais enfin, ce soir-là, mon père était d'astreinte et rentrerait tard. Cela m'arrangeait d'être seule. J'avais besoin de réfléchir et d'organiser ma vie. Alors que je traversais l'entrée, mes yeux se sont posés sur la reproduction de la bataille d'Austerlitz où le général Rapp présente à Napoléon les drapeaux pris à l'ennemi. Mon combat pour entrer au GIGN serait mon Austerlitz à moi, je serais aussi audacieuse que l'Empereur.

Peut-être fallait-il quitter la maison, trouver un travail pour être indépendante ? Un job de serveuse exploitée dans un café glauque à Vélizy ? Une chambre de bonne mal chauffée, mon père me suppliant de revenir à la maison, ma mère priant sainte Thérèse en se tordant les mains, les teckels trop déprimés par mon absence se laissant mourir de faim ? Le sang italien maternel qui coulait dans mes veines – j'avais deux robinets, un pour le flux russe, l'autre pour le fleuve italien – colorait mon existence d'une telle couche de zinzolin que j'en avais les larmes aux yeux. J'aimais me faire du chagrin, penser à la mort de mes parents – forcément atroce – ou à la peine que causerait la mienne à mon père, pleurant sur ma dépouille, regrettant enfin les heures perdues de mon enfance.

La nuit et la solitude m'oppressaient. J'ai mis mon inquiétude sur le compte de la brouille avec mes parents. Ma famille me manquait à présent, je n'étais plus sûre de rien, je regrettais de m'être fâchée, tout cela me semblait dérisoire et bête. J'ai poussé la porte du garage aménagé en salle de sport. Je m'imposais depuis quelques mois un entraînement difficile, asséchant ma silhouette pour augmenter mes capacités physiques et mentales. Je pratiquais l'entraînement fractionné à haute intensité, alternant renforcement musculaire et cardio, copiant les entraînements militaires observés tous les jours dans la caserne, enchaînant un maximum de mouvements fonctionnels en un minimum de temps. En brûlant autant de calories après et pendant l'entraînement, mon métabolisme grimpait pendant des heures et me procurait une sensation de bien-être très addictive. « C'est ma came à moi », disais-je à ma mère inquiète de me voir passer des heures à courir dans les salles de gym. Je ne m'étais jamais sentie aussi vivante.

Alors que je sortais de la salle de bains, enveloppée dans un vieux peignoir blanc siglé FBI, ma vie a basculé.

Il a surgi un couteau à la main. L'homme devait avoir à peu près mon âge, ma taille et des cheveux blonds, comme moi, coupés très court. Le métal de ses yeux bleus jurait avec la rondeur de ses traits. Il portait malgré le froid un sweat dont il avait coupé les manches jusqu'aux épaules. Sur son bras gauche, un tatouage bleu marine : un aigle à deux têtes, souligné d'une inscription en cyrillique, сила. Son poignet gauche saignait, il avait dû se couper en brisant le carreau de la fenêtre du garage pour rentrer dans la maison. Même en apnée, même sans jamais l'avoir sentie, je savais que son odeur était celle de la mort.

Réfléchir, vite. Trouver une issue de secours, ne pas s'approcher du couteau, gagner du temps. Ne pas montrer ma peur. « Qu'est-ce que tu veux ? » Il n'a pas répondu, me fixant de son regard étrange, un peu flou. Nous étions aux aguets, dans une tension extrême, deux chiens prêts à se sauter dessus. Il a bondi pour m'attraper par le cou, m'a tordu le bras dans le dos. Je sentais la lame du couteau sur ma jugulaire, son haleine d'alcool aigre. Il m'a fait dévaler l'escalier et m'a entraînée dans le bureau de mon père. Il semblait connaître la maison.

J'ai lutté. Longtemps. Presque une heure, carillonnait l'horloge du salon. Mes forces se détachaient, une à une, comme les pétales d'une marguerite fatiguée. Il m'a giflée à toute volée, le sang emplissait ma bouche, les sons me parvenaient ouatés ; il grognait des mots incompréhensibles, dans une langue étrangère. J'ai eu vaguement conscience d'être déshabillée avec fièvre puis, au ralenti, de tomber sur le tapis afghan, apercevant à travers le brouillard de mes larmes les arabesques bleutées du kilim.

L'homme a écarté mes jambes d'un coup de genou et mon âme s'est envolée, emportant avec elle enfance et insouciance. Le tapis brûlait mon dos, j'étais insensible à la douleur, à peine ai-je perçu ses assauts. Mon cerveau enregistrait chaque instant avec une douloureuse précision. Le pire était de reconnaître l'odeur de mon propre sang, différente de celle de l'autre, plus sucrée ; les sueurs mélangées, le musc écœurant du sperme frais. Seul un voile de lavande adoucissait ce cauchemar olfactif.

La lavande. S'accrocher au doux parfum de la lavande. Y puiser la force de vivre. Ma longue pratique de l'aïkido m'aidait à garder le contrôle. Je calmais ma respiration pour réintégrer mon corps, cherchant au plus profond de moi-même le kokyu, pour retourner contre lui la force de mon assaillant.

Dans un effort centuplé, je l'ai repoussé pour m'écarter en roulant sur le tapis. Il s'est relevé, je me suis concentrée pour ancrer mon corps dans le sol.

Le garçon jetait des regards furtifs autour de lui. Je n'avais plus peur. Adoptant une posture de garde, je lui ai balancé un coup de pied fulgurant dans les couilles. Il s'est effondré dans sa douleur. Je me suis précipitée pour déverrouiller le coffre-fort mural, empoigner la crosse glacée d'un MAC 50. Dans mon stress, j'avais oublié qu'un gendarme ne range jamais les cartouches à côté de son arme. D'un bond, j'ai saisi le premier objet posé sur le bureau, un petit vase en cristal rempli de trombones multicolores, pour le fracasser sur le crâne de mon assaillant. Il ne bougeait plus. Une prière à Baba Lena et mon regard s'est posé sur le grand tiroir horizontal du bureau, celui qui s'ouvre toujours de travers. Le chargeur était là. Sans trembler, je l'ai introduit dans la crosse du pistolet en manœuvrant la culasse vers l'arrière.

Il a repris connaissance. Une cascade rouge striait son visage. Il sanglotait, assis, les mains pleines de son sang. Il s'est relevé, chancelant, le regard noir. Je l'ai visé mais le coup n'est pas parti. Quelle idiote, en reculant la culasse, j'avais enclenché le cran de sûreté. De la pointe du pouce, je l'ai repoussé vers l'avant et j'ai tiré. Il est tombé en arrière.

La dernière chose que j'ai entendue avant de m'évanouir a été la voix de mon père qui criait mon nom.

5

Il m'a enroulée dans un plaid et portée dans ses bras. Le cadavre du type gisait dans un coin du salon, posé sur une flaque de sang. Un sentiment de sécurité m'enveloppait alors que nous montions l'escalier, j'étais à nouveau petite dans les bras de mon papa. Il m'a déposée sur le carrelage de la salle de bains : « C'est fini, c'est fini », répétait-il en boucle. Il m'a déshabillée comme une poupée fragile. Je suis restée longtemps, assise dans la baignoire, à regarder le sang tourbillonner dans l'eau. Mon corps se réveillait dans la douleur, la honte et la peur. Il m'a séchée, aidée à enfiler un vieux pyjama en pilou délavé. « Je ne veux pas descendre », je m'accrochais à lui comme une arapète à son rocher. Je le suppliais, affolée : « Il faut appeler la police, prévenir maman. » Il m'a bercée, je pleurais, plutôt mourir que de revoir ce type, tout ce sang, la scène de mon crime. Les larmes se sont taries, je hoquetais à vide. Il m'a dévisagée avec gravité, la pupille de ses yeux dilatée, les traits de son visage creusés.

« Delphine, tu dois oublier cette nuit, n'en parler à personne. » Sa voix se faisait plus lancinante. « Le sang russe de tes ancêtres va te porter, tu es ma fille, tu es forte, tu vas surmonter ce qui s'est passé ce soir, enfouir ta souffrance comme nous allons enterrer ce type. Si tu te relèves de cette histoire, tu te relèveras de tout. Un jour, tu verras, elle sera ta force, elle te donnera tous les courages. »

Enfant, j'avais sauvé la vie de mon père. J'avais dix ans, je venais de rentrer en sixième, au collège Hoche de Versailles. Papa commandait alors une unité de gendarmes mobiles, l'équivalent des CRS chez les flics.

Un gendarme mobile c'est quelqu'un qui, en groupe d'une centaine d'hommes, se déplace pour le maintien de l'ordre dans les manifestations, les grands rassemblements comme le Tour de France, ou lors de missions d'interventions spécifiques, en France ou à l'étranger : dégager un squat, investir un camp de Manouches, protéger un site sensible, bref, toutes les opérations dangereuses qui réclament beaucoup de monde en renfort des unités opérationnelles.

Un matin de juin, papa était parti en mission à la centrale nucléaire de Fessenheim. Un truc pas trop dangereux, les locaux étaient occupés par Greenpeace, il fallait les faire dégager. Mon père avec son grade de commandant effectuait un boulot d'encadrement sur le terrain.

Dans son groupe, un jeune capitaine dirigeait la colonne d'assaut, Erwan de Montalembert. Mon père avait pris sous son aile ce jeune saint-cyrien doué et volontaire. Il s'était même pris d'affection pour lui, une chose assez rare dans ce métier où l'on ne mélange pas l'affect et le professionnel.

Le préfet avait jugé que la présence des manifestants empêchait la surveillance du réacteur. Il avait lancé l'assaut, contre l'avis de mon père qui considérait la mission trop improvisée. Lorsque les gendarmes avaient pénétré dans le bâtiment, le capitaine de Montalembert avait marché sur un câble électrique dénudé que les militants de Greenpeace avaient volontairement laissé traîner. Le jeune homme avait été foudroyé.

De retour à la maison, mon père passait son temps assis devant la fenêtre, les yeux dans le vague. Je savais que quelque chose clochait. Je le surveillais en douce. Un soir, on ne l'a plus trouvé. Luisa était folle d'inquiétude. Mue par mon intuition, je m'étais assise dans le fauteuil de son bureau. En fermant les yeux, j'avais perçu le désespoir et le danger. Je connaissais le code du coffre-fort où il enfermait chaque soir son arme de service. Le pistolet semi-automatique, le fameux MAC 50, n'était plus là.

J'avais foncé à vélo, direction les étangs de Satory, aux sources de la Bièvre. Il était là, au milieu des roselières, son arme sur les genoux. Lorsque je m'étais approchée, un groupe de foulques et de colverts s'était envolé dans un piaillement aigu pour se perdre dans la brume d'été.

Il s'était redressé d'un bond en hurlant : « Va-t'en, Delphine, va-t'en ! » J'avais marché vers lui, sans peur. Chose incroyable, il avait pointé son arme sur moi. Je ne sais plus ce que je lui avais dit, mais j'avais continué à avancer jusqu'à sentir la graisse du canon de son pistolet. Je continuais à parler, à négocier, comme je le ferais plus tard dans mon métier. Je lui avais retiré l'arme des mains, tout doucement, et m'étais blottie contre lui. Il sanglotait comme un bébé, il était lourd, sentait l'éléphant gris, mais il était vivant.

Nous étions rentrés à la maison et n'en avions plus jamais reparlé.

À présent, assise devant la glace de la salle de bains, enveloppée dans ce pyjama trop court, parsemé de pâles ananas, il me brossait les cheveux en faisant attention de ne pas me faire mal, mais il tirait quand même. Il m'a tournée vers lui pour coller son front contre mon front, ses yeux dans les miens comme dans le jeu du hibou. Il s'est écarté, me tenant à bout de bras.

« Tu veux rentrer au GIGN. »

Il y a des questions qui n'en sont pas. Je n'étais pas sûre de vouloir grand-chose à cet instant précis, mais j'ai hoché la tête pour lui faire plaisir. J'avais assez de lucidité pour savoir que le GIGN n'accepterait pas ma candidature avec une histoire pareille dans mon dossier. Ils ne feraient jamais confiance au psychisme d'une femme violée, meurtrière, même en légitime défense. Acquittée, réparée par les meilleurs psys, j'aurais encore les stigmates d'une traumatisée. Ils ne prendraient pas le risque.

Au lieu de porter l'estocade comme je m'y attendais, mon père m'a offert un destin.

« Je vais le faire disparaître. Tu n'en parles à personne et tu rentreras au GIGN. »

À la fois confiante et brisée, je n'étais pas en état de mesurer les conséquences de ce revirement. Avec le recul, il ne m'avait pas donné le choix. En effaçant les traces de cette nuit criminelle, Jean-Pierre Olberg balayait d'un coup toute une vie exemplaire, pétrie de valeurs essentielles. Soldait-il en cet instant sa dette envers moi ? Je lui en étais infiniment reconnaissante.

Demain, je donnerais un grand coup de pied au fond de la piscine et je remonterais à la surface de ma vie. Oui, je surmonterais le viol, le crime et le dégoût de moi-même. Je le devais à ce père fantastique, à la mémoire de ma Baba Lena et à celle de tous mes ancêtres russes et italiens. J'intégrerais le GIGN et deviendrais un soldat dont mon père serait fier.

Il a enroulé le cadavre dans une bâche militaire. Mon agresseur n'avait aucun papier sur lui et curieusement cela m'a rassérénée de ne pouvoir mettre un nom sur ce tas de viande froide.

Il y avait, à cent mètres de chez nous, près du minuscule centre commercial, un bout de terrain en chantier qui deviendrait bientôt une aire de foot pour les enfants. Les ouvriers venaient de préparer le lit de sable sur lequel ils couleraient le béton des fondations.

Dans la nuit noire, mon père a creusé un trou. Il y a déposé le cadavre du jeune homme, enterrant ainsi le passé criminel de sa fille.

II

1

Lever du jour. Je cours dans un champ de lavande. Les fins épis violets piétinés libèrent leur arôme de linge frais. Inquiète, hors d'haleine, je ne peux m'empêcher de me retourner. Au loin, derrière moi, des bruits de voix, un aboiement. Je suis épuisée, couverte de boue, vêtue d'une combinaison de parachutiste déchirée, sans aucun signe distinctif. À mes pieds, des chaussures de sport noires, montantes. Je cours. Les voix se rapprochent. Je cours. Tandis que ma respiration s'accélère, des bribes d'images s'interposent dans mon esprit, floues, saccadées, effrayantes. Les images syncopées d'un corps à corps sans merci. Je ferme les yeux pour les chasser. Pas question de céder à la panique. Je cours.

Je suis poursuivie par un groupe d'une dizaine d'hommes, vêtus de noir, armés de fusils d'assaut. Un malinois les accompagne.

Je pénètre dans la cour d'une ferme, à bout de forces. Une vieille camionnette est garée, portes ouvertes. Le fermier décharge des ballots de lavande.

Je monte à bord, j'actionne le démarreur. Le moteur

tousse, le fermier crie, la camionnette s'emballe. Au moment où je franchis le portail, une Subaru aux vitres teintées me barre le passage. Un pick-up noir avec deux costauds à bord m'emboutit. Le choc est violent. Je saute et reprends ma course, avant que les deux affreux aient le temps de me saisir.

Soudain, j'entends derrière moi le staccato précipité des griffes d'un chien. Les enfoirés ont lâché le malinois. Je me réfugie à l'intérieur d'un grand hangar. Je porte un bandeau sur les yeux. Mes bras sont attachés dans le dos. Les deux costauds qui m'ont percutée avec le pick-up me portent en me soulevant de terre.

Un troisième homme s'approche. Il tient à la main un gilet pare-balle sur lequel on a collé un plateau de ball-trap orange. Il le sangle sur ma poitrine, arrache mon bandeau. Je découvre un vaste hangar. Une demi-douzaine d'hommes, tous vêtus de la même combinaison noire, se tiennent face à moi, inquiétants. L'un d'eux, à dix mètres, me met calmement en joue avec un Manurhin MR73. Le coup part. Le plateau de ball-trap vole en éclats. J'encaisse, je tombe à genoux.

Le tireur enlève sa cagoule, me sourit en me tendant la main. « Bienvenue au GIGN, DOG. » Le malinois bondit vers moi au ralenti, les babines retroussées, le poil hérissé de colère. Je hurle et tends mon bras pour protéger mon visage.

« Fine, réveille-toi ! »

J'ai lâché mon oreiller-bouclier. Vincent était là, couché avec moi dans ce lit trop petit pour nous deux. Il me berçait, murmurait des mots doux. Il faisait chaud, le printemps se donnait des airs d'été, pourtant nous n'étions qu'au mois de mars. La fenêtre était grande ouverte, dehors des enfants torse nu jouaient au ballon.

« Je passais le brevet, mais le chien allait me dévorer, c'était horrible. »

Je lui ai raconté tous les détails de mon cauchemar avant que les images ne se dissipent. Chaque matin, lorsque le réveil sonne, qu'il se love contre moi pour une étreinte furtive avant que la vie ne nous happe, j'aime raconter mes rêves à Vincent, souvent des cauchemars, mais pas seulement. Ce que je préfère – et ça, je le garde pour moi – ce sont les histoires d'amour démentes dans lesquelles je m'abandonne comme une cochonne et que je n'oserais jamais vivre pour de vrai. L'amoureux rêvé peut être mon boucher ou mon chef de groupe, peu importe, lorsque je me réveille, le fantasme amoureux perdure au moins jusqu'à midi, c'est troublant et délicieux.

« Ce n'est pas un cauchemar, a analysé Vincent avec finesse. C'est la vie dont tu as toujours rêvé. »

Il m'a regardée, m'a trouvée belle. Il aimait mon corps musclé et sec, mes cheveux courts de garçon, fins et doux comme de la soie blonde, mon visage et mes yeux presque trop bleus, presque trop durs, ma bouche voluptueuse « à pas tomber enceinte », comme disait Baba Lena, je n'avais pas cinq ans. Comme moi il était nu, portait le même tatouage gravé, lui sur sa poitrine, moi sur la cheville : *Audaces Fortuna Juvat*, la fortune sourit aux audacieux. Il m'a couverte de baisers doux, j'ai ronronné. Les baisers se sont faits plus fiévreux, j'ai adopté la technique dite du bulot : rentrer à l'intérieur de la coquille, refermer derrière moi le petit couvercle rond, très souple et attendre que la marée monte. J'ai perçu là-haut le ressac des corps enlacés. Le stress causé par le viol et le meurtre avait perturbé chez moi les circuits de la récompense et du plaisir. Je souffrais d'une forme légère d'anhédonie qui me faisait perdre la capacité à ressentir le plaisir, les émotions positives. Alors, pendant l'amour, j'envoyais Blandine, mon double, l'incarnation de moi-même, lâcher çà et là quelques gémissements voluptueux. Nous avions remarqué avec ma copine Nathalie que, dans ces circonstances, on n'en faisait jamais trop. À l'abri dans ma coquille, alors que Vincent me prodiguait les caresses les plus tendres, j'en profitais pour réviser le manuel de montage-démontage du Famas, le fusil d'assaut modèle F1. En tant que gauchère, l'extracteur était forcément à gauche, donc l'obturateur à droite et du coup l'appui-joue aussi… Il faudra vérifier ça, et penser à acheter du cirage pour mes bottes. Ah, Vincent venait de passer du garde-à-vous au repos, j'ai senti son corps se détendre, Finex[1].

Nathalie m'avait prévenue : « Si tu dis non quand il a envie, il ira voir ailleurs. » Je ne disais jamais non, je ne voulais pas que Vincent aille voir ailleurs. J'abordais l'acte sexuel avec détachement et application, c'était ma façon à moi de ne pas y accorder plus d'importance que cela. Vincent sentait le coton et l'herbe fraîche, ses mains étaient très douces. Mais lorsqu'il prenait son plaisir,

1. Fin d'exercice, en langage militaire.

hop ! opération bulot. Je l'aimais, il me faisait du bien. Il m'acceptait comme j'étais, avec mes silences et mes absences. Je ne lui ai jamais raconté mon secret, j'aurais eu trop peur de le décevoir.

Six ans s'étaient écoulés depuis cette nuit sanglante. À vingt-cinq ans, je comptais le temps en années de chien et du haut de mes cent soixante-quinze ans, je me trouvais plutôt bien conservée. J'avais pu me reconstruire en partie grâce aux conseils bienveillants de mon père qui m'avait entourée dans mes premières années de gendarmerie, mais surtout grâce à Blandine. Blandine, une invention de mes parents lorsque j'étais enfant pour me faire enrager. Blandine, la fillette idéale, attentive aux autres, polie avec les vieux et gentille avec les animaux. « À ta place, Blandine aurait rangé sa chambre, Blandine aurait terminé son assiette, Blandine aurait travaillé à l'école. » Gna gna gna. Je détestais cette petite fille parfaite et infaillible qui me volait l'amour de mes parents à peu de frais. J'en avais fait un avatar à mon image, un personnage facile à contrôler, ambigu, tricheur, schizophrène.

Mon double n'avait pas que des défauts, elle me rendait bien des services. Depuis le viol, j'étais devenue experte dans l'évitement émotionnel. Envoyer une autre baiser à ma place m'empêchait de me souvenir. Certaines odeurs, comme celle du sperme, me paniquaient encore mais je parvenais à les refouler. Blandine serait un atout formidable dans ma formation pour rentrer au GIGN : mes instructeurs auraient beaucoup de mal à déstabiliser Blandine, ce qui vaudrait à Delphine de bons points et l'estime de ses camarades. J'avais tout prévu pour atteindre mon objectif sans être démasquée.

J'avais rencontré Vincent lorsque j'étais à l'école de sous-officiers de Montluçon. J'avais vingt et un ans, je venais de m'engager dans la gendarmerie. Vincent en avait vingt-trois, il était beau et accessoirement instructeur de plongée. Je m'entraînais seule à l'un des fameux tests éliminatoires du GIGN : nager cinquante mètres sans apnée, pieds et mains liés dans le dos. La natation n'avait jamais été mon point fort, mais grâce à lui, j'avais progressé. Un matin, arrivée très tôt à la piscine municipale pour être seule, j'avais failli me noyer. Vincent avait plongé pour me ramener à la surface et je l'avais pourri, de rage et d'humiliation. Ça l'avait fait rire, il m'avait appris le secret des dieux pour y arriver : nager sur le dos. Je n'avais plus jamais coulé.

Le soir même, il me téléphonait pour me dire qu'il passait le week-end dans la maison de ses parents, du côté de Saint-Malo, que cette longère normande, sans moi, ressemblait à un bol de noyaux. Il était impératif, il fallait le rejoindre le plus rapidement possible. Choquée par tant d'impudence, j'avais raccroché, ulcérée : mais pour quel genre de fille me prenait-il ? Ce type avait donc perdu tout sens commun ?

Deux heures plus tard, je mettais le cap sur Saint-Malo après avoir prévenu Nathalie : « Je disparais vingt-quatre heures. Si je ne suis pas rentrée dimanche matin, préviens mon père, je vais peut-être me faire sauter par un psychopathe au fin fond du Cotentin. »

Vincent m'avait prise sur le vif, on ne s'était plus

quittés. Il m'avait suivie à la brigade de Morzine où je venais d'être mutée comme gendarme d'active. Il ne savait rien de mon passé de meurtrière, mais il acceptait cette part d'ombre chez cette fille un peu dingue qui ne ressemblait à aucune autre. Le défi que je m'étais lancé lui plaisait, ma force mentale le bluffait, mon intégrité forçait son respect. J'aimais sa droiture, son humeur toujours égale, la confiance qu'il m'avait donnée pour devenir mère.

Un an après notre rencontre, enceinte de Virgile, j'avais beaucoup pleuré. Je m'étais heurtée à mon père qui me poussait à avorter. Je savais que la plupart des filles qui avaient essayé de venir au GIGN avaient craqué après avoir vu leur couple voler en éclats. J'avais moi-même entendu parler de deux filles éjectées de la semaine de tests ; comme par hasard, elles avaient des enfants en bas âge. Ce n'est jamais énoncé clairement, mais avoir des enfants est un frein pour l'encadrement. Les chefs ne comprennent pas toujours que l'on puisse s'éloigner de sa progéniture, alors que l'entière disponibilité du personnel est demandée aux hommes comme aux femmes. La situation familiale des postulants est très importante, la stabilité essentielle, si le mari ou l'épouse ne suit pas, c'est foutu.

Moi, je voulais tout sans renoncer à rien : faire un enfant et sauver le monde. Mon père disait que c'était donner un otage au malheur. Luisa était intervenue : « Laisse-la, on verra bien, je m'en occuperai du petit. » Vincent m'avait convaincue de garder Virgile, de ne pas écouter mon père qui avait rengainé ses menaces pour devenir un grand-père délicieux. Il pensait sans doute qu'avec un enfant sur les bras, je renoncerais au GIGN.

Mais avec Vincent, nous nous sommes donné une chance en la jouant autrement : une parenthèse de dix ans pendant laquelle il raccrocherait les palmes pour se consacrer à notre fils en donnant le premier rôle à ma carrière militaire.

Dix ans. Le temps que je sois complètement épuisée par le job, le stress, la fatigue des entraînements et des missions. Vincent reprendrait alors le chemin des plages de surf et je continuerais calmement ma carrière à mon départ du Groupe, dans une brigade des Alpes-Maritimes.

En attendant, c'est lui qui prenait en charge le quotidien, l'école de Virgile, la maison. Je l'admirais pour cela et lui était reconnaissante de me permettre de vivre la vie que j'avais choisie. Pourtant, il m'arrivait de ne pas le regarder tout à fait avec les mêmes yeux. Pas toujours évident l'inversion des rôles, même si j'avais du mal à me l'avouer. Maintenir notre couple à flot et mon homme dans sa virilité n'était pas, et de loin, la plus simple de mes missions.

Pour Vincent, ce n'était pas non plus une sinécure. S'il ne remettait jamais en question notre décision, je n'étais pas certaine qu'il la vivait aussi bien qu'il le prétendait. Pas facile d'être un homme au foyer dans un quartier résidentiel envahi d'épouses délaissées pour cause de service, un papa à la sortie de l'école à qui l'instit demande s'il est en arrêt maladie, un homme qui doit rester à la maison ou sortir seul lorsque je suis d'astreinte. Je le devinais dans son regard, Vincent rêvait parfois de plongées profondes, quand il animait le club piscine des enfants, le mercredi après-midi.

2

Avant Vincent, avant tout ça et depuis toujours, il y a eu la gendarmerie, le rêve de toute ma vie. Des années, tendues dans ce seul but, à l'âge où les autres filles cherchaient un mari, des amants, des sorties.

Je suis entrée dans la gendarmerie *pour la patrie, l'honneur et le droit.* Cette devise inscrite sur notre drapeau résonnait chez moi non pas comme un vieux credo réac, mais comme un chemin de lumière. Alors que d'autres étaient à la recherche d'équilibre et de sécurité, je voulais l'aventure. *Donnez-moi, mon Dieu, ce qu'il vous reste, donnez-moi ce qu'on ne vous demande jamais, l'insécurité et l'inquiétude, la tourmente et la bagarre*[1]. Sauver mon prochain en lui offrant ma vie, telle était ma destinée. Je rêvais du GIGN, de cet esprit sacrificiel qui apporte une cohésion unique à ce groupe si particulier, moi l'éternelle apatride qui avait tant besoin d'appartenir à un clan. Baba Lena m'avait raconté que dans les temps primitifs de l'humanité, les tribus qui s'en étaient le mieux sorties étaient

1. *La prière du para* d'André Zirnheld, adoptée par l'EMIA comme chant « tradi ».

celles dont les membres avaient développé à un haut degré l'esprit de patriotisme, de fidélité, d'obéissance et de courage. J'étais prête à tout donner pour que ma vie serve à quelque chose. Je ne savais pas encore que le vrai courage se trouvait parfois à l'extérieur des champs de bataille.

Alors a commencé le chemin laborieux d'un gendarme en début de carrière. À vingt ans dans un PSIG, un peloton de surveillance et d'intervention – l'équivalent de la BAC chez les flics – où je m'occupais de sécurité publique.

Puis j'ai passé le concours de sous-officiers pour intégrer l'école de Montluçon où je me suis beaucoup ennuyée, sauf pendant mes cours de natation… À vingt-deux ans, enfin un peu d'action. Avec mes bonnes notes, j'ai pu choisir la brigade de Morzine où Vincent m'a suivie. Grâce à lui, la naissance de Virgile ne m'a pas empêchée d'intégrer une CDOS, Cellule départementale d'observation et de surveillance, on adore les acronymes dans la gendarmerie. Les CDOS sont de petites unités de moins de dix personnes qui font de la surveillance très basique, quelques filatures pour donner un coup de main à la section de recherches. J'étais bien notée pour ma grande motivation. À mon âge, je pensais avoir acquis une expérience déjà solide, au-delà de ma formation : j'avais donné la vie, j'en avais pris une autre, sauvé celle de mon père.

Mon boulot d'équipière me passionnait. Nous secondions les Gosmen[1] qui avaient pour mission de fournir des éléments de preuve par l'image contre la

1. GOS : Groupe d'observation et de surveillance.

criminalité organisée, de préparer discrètement le terrain aux enquêteurs. Par exemple, faire des « couvertures de rendez-vous », prendre des photos autour d'un bar, observer les environs sans approcher la cible de près. Les Gosmen, ces drôles de gendarmes dont certains ressemblent à des voyous, cheveux longs et look crasseux, travaillent en civil, changeant d'apparence au gré des missions. Ils sont méconnaissables. L'adjudant Paulin, un géant toulousain d'un mètre quatre-vingt-dix pour cent deux kilos, arborant des dreadlocks et un bel air de brute, adorait la filature à pied, « la plus pure », disait-il quand il avait un peu picolé, le doigt pointé vers le ciel, « parce que dehors, on est à poil ! ».

C'est lui qui m'a appris à me dissimuler pour suivre discrètement un individu, établir son environnement ou ses fréquentations. Les phases de planque pouvant être longues, « on sait quand on commence, jamais quand on finit », disais-je souvent à Vincent lorsque je rentrais à la maison, rincée par une semaine de filatures, scotchée dans une voiture pourrie à surveiller une porte sans jamais la lâcher des yeux pour ne pas louper le moment où la cible allait se montrer.

Ces gendarmes de l'ombre ont face à eux des adversaires aguerris, rompus aux méthodes policières, capables de déployer des manœuvres sophistiquées pour les éliminer. J'aimais ces missions où rien n'était laissé au hasard, où la débrouillardise et, surtout, l'adaptabilité étaient exigées au quotidien. J'ai fait l'apprentissage de la solidarité, une notion qui trouvait sa raison d'être dans le fonctionnement des militaires en action : en mission, pour extraire un forcené d'une maison par exemple, celui qui porte le bouclier protège tout le monde ; derrière, deux hommes vont péter la porte pour laisser la place à l'équipe d'intervention et les équipes d'appui fermeront la marche. Nous ne sommes rien les uns sans les autres, d'un point de vue opérationnel. Cette valeur se transmet inconsciemment de la même manière dans la vie quotidienne. Il règne un véritable esprit de corps dans la gendarmerie, nous appartenons à une communauté, spécifique au statut militaire.

Si, au cours d'une filature, un quidam vient au contact du Gosman, celui-ci ne doit jamais être pris au dépourvu, il doit avoir sous la main et dans l'instant T un scénario à dégainer, une *légende* pour ne pas se « faire lever ». J'excellais dans ce travail de menteuse professionnelle qui me ressemblait si bien. Je tirais une certaine fierté à ne pas me laisser déstabiliser par l'adversaire, quoi qu'il arrive. Je me souviens d'un exercice où mon instructeur m'avait confisqué papiers, argent et téléphone portable. J'avais comme mission de parcourir cent kilomètres, sans avoir le droit de tricher, de prendre un train sans billet, sans pouvoir raconter à quiconque que j'étais gendarme. Je m'étais parfaitement adaptée à la situation en me faisant passer auprès d'une mère de famille nigérienne qui attendait le bus devant la gare de Créteil pour une femme battue, traquée et sans ressources. En jouant de la solidarité féminine pour me faire prêter un peu d'argent, j'avais voyagé sans encombre jusqu'au point de rendez-vous. « Fine, mon petit 4×4, tu es tout terrain », aimait dire Vincent quand je lui racontais mes aventures.

Après le viol, j'ai développé une particularité, longtemps vécue comme un handicap, mais qui pouvait se révéler un avantage considérable dans l'exercice de mon métier. J'étais atteinte d'hyperosmie, ou d'hypersensibilité aux odeurs que les autres ne détectaient pas. Un dérèglement olfactif qui se manifeste parfois chez la femme enceinte ou dans certains états névrotiques à la suite d'un choc émotionnel. Une odeur d'explosif, de sueur, la trace olfactive d'une simple présence humaine laissée dans un lieu où je pénétrais me sautaient aux narines. Certains scientifiques prétendent que l'odorat humain serait aussi puissant que celui du chien ou du cochon truffier. Le mien était redoutable.

Un flair de chien. De chienne, en l'occurrence, mais aucun de mes camarades ne se serait risqué à une blague d'aussi mauvais goût. Alors pour eux, j'étais devenue DOG, un acronyme évident de Delphine Olberg.

Ce qui a fait ma spécificité sur le terrain était aussi un cauchemar dans la vie de tous les jours. Pas question de me faire croire quoi que ce soit, qu'une émanation, fût-elle infime, pourrait contredire. Si Vincent approchait d'un peu trop près une de nos voisines, je le savais immédiatement. Les humains, les chiens, les rues dégagent une multitude d'effluves, les objets, le vent et l'atmosphère aussi. Toute molécule odorante pénétrait dans mon nez, remontait jusqu'à l'épithélium olfactif pour effectuer un codage de l'information qui se transmettait à mon cerveau, et se rangeait dans une bibliothèque aromatique. Dans certains traumas, il est prouvé que les odeurs aident à retrouver la mémoire. Je n'en laissais aucune me ramener en arrière. Je cultivais l'hypervigilance, qu'il s'agisse de ma vie intime ou professionnelle. J'étais parfaitement en phase avec mon univers, reléguant au fond d'un grenier mental verrouillé à double tour le viol et le meurtre de ce garçon.

J'avais acquis l'estime de mes chefs. Ma demande pour passer les tests du GIGN n'avait étonné personne même si certains ne s'étaient pas gênés pour rigoler dans mon dos. Aucune importance.

Je n'étais pas insensible à la beauté de l'univers. La preuve, lorsque s'était affichée sur ma boîte mail la « Liste des inscrits aux tests de sélection », et que j'avais vu mon nom, mon cœur a fait un double salto arrière.

Avec coup de pied à la lune.

3

Une des particularités de la gendarmerie est d'être logé gratuitement en caserne, ou parfois à l'extérieur, si la place manque. Nous habitions à l'entrée du camp de Satory, dans le quartier Delpal, un F2 des années soixante dans un petit bâtiment décati de trois étages, au bord du boulevard du Maréchal-Soult. Nous occupions le rez-de-chaussée, sombre et humide, mais cela n'avait aucune importance, mon nouveau poste me rapprochait encore davantage du Bunker.

Comme il n'y a plus un radis dans le budget de l'armée, les bâtiments étaient vétustes et mal entretenus. La rusticité, le mode « très dégradé » fait partie de notre culture militaire. On manque de tout, mais on ne se plaint de rien. On vit avec. Et même si le quartier Delpal avait des allures de Tchernobyl avec ses routes défoncées et ses vieux bâtiments pas très gais, c'est un quartier familial où l'on se sent bien et auquel on s'attache.

Contrairement à ce que pensent certains, nos logements ne sont pas qu'un complément de salaire ni un avantage social que les représentants du personnel de la gendarmerie auraient obtenu de haute lutte. Ils sont une CNAS, une Concession par nécessité absolue de service. Cela veut dire que nous devons être disponibles si nos chefs ont besoin de nous, de jour comme de nuit. C'est assez lourd côté emploi du temps et vie de famille. Après neuf heures de boulot, nous réintégrons nos pénates et là, pas le droit de sortir le soir sauf trois quartiers libres par semaine. Nous sommes d'astreinte un week-end sur deux. Être sur place, cela veut dire être toujours de service et toujours avoir un comportement, même en privé, qui corresponde à l'image que le gendarme doit donner. À poil sous la douche, nous restons gendarmes, animés par un sens permanent du service public. En vacances, nous intervenons sans hésiter pour un accident de la route ou pour un SDF qui ne respire plus. Ce n'est pas la loi qui nous porte, c'est nous qui portons la loi.

L'avantage de la caserne, aussi, c'est que nous vivons à proximité les uns des autres, comme aucun autre fonctionnaire de la République. Lorsque l'un d'entre nous commence à déconner, que ce soit dans la déprime ou dans le train de vie, les camarades et les chefs sont avertis. Beaucoup de drames sont ainsi évités, même si avoir constamment les yeux des voisins sur soi, ce n'est pas toujours facile à vivre.

À Delpal, on entendait tout. Dans l'appartement de service où nous habitions, la finesse des cloisons était telle que lorsque le fils de l'adjudant Maingard hurlait à l'étage au-dessus, il était dans la pièce à côté. Suivait en général la baffe de la mère. Puis l'adjudant lançait à la cantonade, comme tous les soirs avant les infos régionales de dix-neuf heures trente : « J'ai le Transall en bout de piste ! » et trente-quatre secondes plus tard, le bruit du dévidoir à papier cul précédait celui de la chasse d'eau (après dix heures du soir, on ne tire plus la chasse, c'est mal vu), de la porte qui s'ouvre, des pantoufles que l'on traîne.

Autant dire que pour les câlins du soir, c'était *under cover* et secret défense.

Ce qui n'avait pas empêché une autre de nos voisines, Véronique, de faire huit enfants en dix ans. Du coup, on leur avait attribué un très grand appartement de sept pièces. Une chambre pour les parents et cinq pour la marmaille, deux par deux, un garçon avec un garçon, une fille avec une fille. Véronique avait obtenu, à sa demande, la médaille de la Famille qui témoigne de la « reconnaissance de la nation, de la joie et de la force qu'apportent de nombreux enfants, de la vitalité et de la richesse que la famille nombreuse apporte à la société ». À la tête de son régiment de merdeux, elle nous regardait de haut comme si elle était sortie de la cuisse du maréchal Moncey. Moi, je disais que ce serait malin de mettre les parents dans deux chambres séparées : ça leur éviterait d'en faire encore trois dans les quatre ans qui viennent.

Véronique, c'est la mère de Timothée, le meilleur ami de Virgile. La trentaine pénible. Elle avait épousé le secrétaire particulier au cabinet du colonel Janviers qui commande le GIGN, mais ça l'énervait que son mari ne fasse pas partie de l'élite et elle ne se privait pas de le lui faire savoir. Est-ce pour cette raison ou juste parce qu'elle est née ainsi, c'est-à-dire chiante, qu'elle avait développé un fort complexe de supériorité ? Véronique savait tout sur à peu près tout, voyait tout, comprenait tout et éprouvait le besoin incontrôlable d'en informer la terre entière. Inutile de préciser qu'elle se mêlait de ce qui ne la regardait pas et que je m'en méfiais. Elle n'avait pas vraiment mauvais fond, elle voulait juste avoir des amis et aurait été capable de n'importe quoi pour y arriver. À la caserne, personne ne pouvait l'encadrer. Vincent était bien obligé de la supporter en tant que mère du meilleur copain de son fils, susceptible de lui rendre des services et de le dépanner pour garder Virgile. Personnellement, j'avais un peu de mal.

D'une manière générale, j'éprouvais des difficultés à tisser des liens, à fortiori avec les femmes de gendarmes. En fait, je n'aimais que l'odeur de la poudre. Lorsque nous étions invités à un anniversaire ou à une petite fête à l'intérieur de la caserne, les hommes et les femmes faisaient bande à part. Ça me mettait mal à l'aise, moi qui vivais au milieu d'hommes toute la journée, je me sentais exclue. Alors je me taisais, j'observais et je devais sûrement passer pour une fille pas très aimable.

Pourtant, dans l'ensemble, elles sont courageuses, ces mères de famille, leur vie quotidienne n'est pas toujours marrante. Des maris absents, parfois en missions longues, qui rentrent à la maison pour avoir la paix, tirer un coup, se plaindre parce que les gamins ne rangent pas leur chambre et que la chienlit rôde. Les femmes de gendarmes sont moins casanières qu'avant, la plupart trouvent des boulots précaires malgré les mutations, pour arrondir les fins de mois. Elles travaillent souvent de chez elles, comme assistantes maternelles ou esthéticiennes. Certaines sont institutrices, infirmières ou pompiers volontaires. D'autres se rattrapent sur des activités bénévoles. Véronique, par exemple, avait monté un atelier d'art floral pour enseigner la composition de bouquets japonais hideux.

Pendant que leurs mecs sont occupés à sauver le monde, les épouses, elles, s'occupent seules de la vraie vie. À elles les ados insupportables, les fuites de canalisation, la déclaration d'impôts et tous les problèmes administratifs, comme celui de trouver une école quand le calendrier des mutations n'est pas synchronisé avec celui de l'éducation nationale. Alors quand l'homme revient – s'il revient et en entier – et qu'il râle, les femmes se cassent. Pas étonnant que le nombre de divorces augmente chez nous. Et au GIGN, c'est encore pire : rares sont les couples qui survivent à l'absence, au danger, au rythme infernal des missions.

Quand on est jeune officier, sous-officier et encore célibataire, le rythme opérationnel et les changements d'affectation ne posent pas encore de problèmes, mais dès qu'il s'agit de fonder une famille, les choses se compliquent. Et comme le moral du militaire dépend beaucoup de sa « base arrière », que l'équilibre familial est une condition essentielle pour l'efficacité de nos armées, tout part en sucette si cet équilibre vacille. On ne le sait pas assez, mais une femme malheureuse, c'est un soldat fragilisé. Et si le soldat est fragile, il perd la guerre. La sécurité de la France est entre nos mains, les filles.

4

Déjà, quelques jonquilles pointaient leur corolle jaune et des marronniers précoces dépliaient leurs longues mains molles en attendant la montée de chlorophylle. Comme la nature autour de moi, j'étais pleine de vigueur. J'ai traversé le parking pour rejoindre ma voiture, une mignonne petite Kia rouge que j'ai déverrouillée, par jeu, du plus loin possible. Acceptée aux tests du GIGN. Enfin. Le monde qui m'entourait semblait d'un équilibre parfait. Un coup d'œil dans le rétroviseur m'a confirmé qu'elle n'était pas trop moche, l'autre moi, pour aller retrouver l'homme de sa vie. Je me suis lancé un défi : si la vilaine Mme Bourgoin, la femme du capitaine qui commandait l'un des escadrons du Groupement blindé, passait la porte de l'immeuble, là maintenant, ce serait *le* signe gagnant pour l'obtention de mon brevet. Elle n'est pas venue, j'y ai vu un signe contradictoire rassurant.

J'ai emprunté la N12 qui rejoignait Versailles, direction la maternelle de Virgile. J'avais posé ma journée pour aller chercher mon fils et passer un peu de temps avec lui, avant que les choses sérieuses me privent de lui pendant un certain temps.

Je suis passée devant l'ancien bâtiment de mes parents et devant celui de Simone. La vieille dame habitait depuis des années à quelques mètres de la maison qui fut la nôtre, route des Docks, dans les bâtiments sociaux, en face du centre commercial.

Avec vue sur le terrain de foot.

Difficile de cerner Simone. Nous savions qu'elle était veuve depuis vingt ans et seule, la plupart du temps. Son fils venait rarement la voir, il faut dire qu'elle ne respirait pas la gaieté. Simone vivait par procuration en observant les autres, ses voisins, cachée derrière le store de la cuisine ou en s'occupant des quelques rosiers rouges qui bordaient son appartement au rez-de-chaussée. Difficile de savoir ce qu'elle savait de la vie des uns ou des autres et ce qu'elle pourrait en faire. Difficile de savoir ce qu'elle gardait en mémoire, ou pas.

Je n'ai pas pu m'empêcher de faire un détour par le centre commercial. Chaque fois que je passais devant le mini terrain de foot à côté du Franprix, l'ancien terrain en friche où reposait le corps de l'homme que j'avais tué, je m'arrêtais pour regarder les enfants jouer. Je savais que la vérité était là, sous une mince couche de béton. Elle me guettait, elle m'attendait. Une balle très identifiable dormait, fichée dans les ossements de cet inconnu, et pouvait ressurgir à tout moment pour fracasser ma vie et celle de mon père.

Ça nous tomberait dessus, un jour ou l'autre, je le savais.

Je le redoutais plus que la mort.

Et je ne pouvais rien y faire.

5

Le temps d'arriver au pied de l'école et mon moral avait dégringolé au fond des rangers. Le troupeau des mères agglutinées devant l'établissement m'empêchait de voir la porte d'entrée. J'apercevais Véronique qui attendait son dernier, un mioche dans chaque main. D'un bond, j'ai sauté la barrière verte en fer forgé et me suis glissée en première ligne pour que Virgile me repère facilement.

Sur le trajet, j'avais enfin trouvé le courage d'appeler mon père, retardant jusqu'au dernier moment le coup de fil tant redouté. Pas seulement parce qu'il ne partagerait pas ma joie d'être admise aux tests du GIGN. Chez nous, les bonnes notes sont de simples formalités, pas question de se congratuler, pour mon père c'eût été un comportement déplacé. Je n'attendais aucune louange de sa part, mais si j'avais la boule au ventre au moment de composer son numéro, c'est que je pressentais une déception encore plus grande. J'aurais voulu qu'il me tienne le menton comme lorsque, petite, il m'apprenait à nager : j'avais peur de couler, mais en même temps, je savais qu'il ne me lâcherait pas, sa main était sauveuse, elle me donnait tous les courages. Aujourd'hui, mon succès était aussi le sien, il l'avait souhaité autant que moi, il était impliqué, il m'avait plus qu'encouragée à réussir : il avait maquillé un meurtre pour dissimuler mon crime. Nous étions liés à la vie à la mort. Nous étions complices. Et pourtant, au moment de composer son numéro, je savais déjà que nous ne l'étions plus.

Le ton de sa voix avait confirmé toutes mes craintes. Il avait analysé la situation à sa manière, sans affect : j'avais été sélectionnée malgré un avis défavorable, trop jeune, pas assez mûre. Parce que je remplissais les critères, femme, sportive, motivée. Je rentrais dans les quotas. Que je ne me fasse pas d'illusions, cette première sélection n'était qu'un leurre, au bout du bout, mes chances de réussite étaient quasi nulles.

Je n'avais rien répondu. Ne pas pleurer, assurer ma voix. Ne pas laisser transparaître ma déception. Il s'était engouffré dans ma sidération pour me rappeler quelques statistiques follement joyeuses sur le GIGN : « Quatre cents hommes, à peine une vingtaine de femmes et la moitié dans des postes administratifs, hein, ne l'oublions pas ! » Je l'avais interrompu, il m'agaçait trop : « On parle de personnels concourant aux opérations, ça fait moins fonctionnaire, papa. » Bien sûr que je les connaissais, les Chiffres ! Une femme au GSPR (la protection du président de la République), quatre à la FOR (la force Observation Recherche, où je veux aller), et une seule, une pointure, qui dirigeait les Ouvertures Fines, tout ce qui touche aux serrures pour s'introduire chez les gens en catimini.

Même si l'armée française est l'une des plus féminisées au monde, cette unité d'élite reste l'apanage des hommes les plus sévèrement burnés de la planète. Ce n'est pas seulement une question de force physique ni même de force mentale, c'est atavique. Mettez une femelle dans un clapier, ça fout le bordel. Pas facile pour les rares femmes admises au GIGN de partager la mentalité des hommes sans nuire à la cohésion du groupe. En tant que fille de macho, élevée dans le culte de l'homme et n'étant pas très féminine moi-même, j'étais consciente de mon handicap. Pourtant, ma place était à Satory. Qu'il s'obstine à ne pas le comprendre avait décuplé ma déception. Le sang-froid qui avait impressionné ma hiérarchie et à qui je devais ma présélection devait m'aider à reprendre le dessus mais je n'y arrivais pas. L'influence qu'avait mon père sur mes états émotionnels dépassait tout entendement, Vincent m'en faisait souvent la remarque. Même lorsqu'il avait tort, papa avait toujours raison. Encore une fois, je ne pouvais que le constater, ses remarques désobligeantes m'avaient réduite à l'état de serpillière.

Ces dernières années, j'ai souvent cru lire dans ses yeux gris ce que j'interprétais comme la dualité qu'avait provoquée en lui ce sacrifice ultime, enterrer un homme plutôt que de prévenir les flics. Il avait renié tous ses principes pour me donner ma chance. Comment vivre avec un tel poids lorsqu'on a passé sa vie à se battre pour l'ordre et la justice ? Mais sa réaction cinglante face à ma sélection me faisait voir les choses sous un autre angle, avec une lucidité évidente : le viol de sa fille avait ouvert chez Jean-Pierre Olberg une blessure narcissique qu'il avait tenu à réparer sur-le-champ. Il ne pouvait supporter la honte d'être le père d'une fille souillée, encore moins de l'exposer aux autres. C'était une question d'image de soi, c'était perdre la face et son honneur. Alors, pour effacer cette tache, il m'avait encouragée à tout effacer moi-même. D'un coup, le crime venait de changer de côté, ce n'était pas lui, c'était moi qu'il avait sacrifiée pour continuer à vivre la tête haute.

La vérité, c'est que mon père n'avait aucune intention de me voir franchir les portes du GIGN.

6

Une petite main chaude, poisseuse et peinturlurée s'est glissée dans la mienne. « Il est où papa ? » J'ai baissé les yeux vers mon fils. « C'est moi aujourd'hui. » Le sourire de mon petit garçon m'a ramenée à la vie. « Tu as pris mon goûter ? » Je lui faisais miroiter une gaufre au chocolat de chez Tatie Bichon, son idée à lui du paradis, lorsque Véronique s'est interposée, telle la statue du Commandeur. « Tu ne vas tout de même pas lui couper l'appétit avec une gaufre, deux heures avant le dîner ?!! » Virgile m'a regardée avec inquiétude. « Un goûter équilibré, a récité Véronique, c'est un produit céréalier, un produit laitier, un fruit. » Timothée, son fils, tenait à la main une barre aux céréales beige, triste comme un croûton oublié derrière une malle. Je me suis penchée vers lui : « Toi aussi, tu veux une gaufre ? Si tu veux, je t'emmène avec ton copain ! »

Véronique n'a pas eu le temps de répliquer, une femme s'effondrait en hurlant sur le trottoir devant la boulangerie, à cinquante mètres de l'école. Je la connaissais de vue, une jolie blonde de trente-cinq ans avec un visage pâle tout en longueur, un regard rond, délavé. Je l'avais déjà croisée à la caserne, Mélaine, je crois. Je me suis précipitée vers elle, vite rejointe par la capitaine Anne Kerdoncuff, un médecin militaire de Satory, une femme compétente et sympathique. La main gauche plaquée sur sa bouche, secouée par les sanglots, Mélaine serrait un sachet de chouquettes contre sa poitrine. Elle s'est tue, assise le long du mur de la boulangerie. Des gens approchaient. Le nez dans sa sacoche, à la recherche d'un stéthoscope, la capitaine Kerdoncuff m'a raconté comment Philippe Gallibert, trente-sept ans, le mari de Mélaine, lieutenant au GIGN, ancien d'une unité de haute montagne, venait de se tuer pendant un entraînement sur Drouot, une zone de stockage de voitures à Satory. Une descente à l'italienne qui avait mal tourné, une technique utilisée pour les assauts armés sur des édifices urbains. En principe, en rappel, la corde coulisse dans un mousqueton fixé sur une boucle à l'arrière du harnais avec un système autobloquant qui permet de freiner ou d'arrêter la descente en cas de défaillance. Ou de se libérer les mains pour pouvoir tirer. Le rappel c'est bien quand on ne se fait pas tirer dessus et que l'environnement est sécurisé, mais quand il faut faire vite, que l'on se fait canarder ou que l'hélico doit repartir fissa, il n'y a rien de mieux que la bonne vieille corde descendue à main nue. Les gendarmes possèdent des gants en kevlar, mais dans l'urgence, ils ont rarement le temps de les enfiler.

Cet après-midi, me disait la capitaine en prenant la tension de Mélaine à moitié dans les vapes, pendant une phase d'entraînement, Gallibert avait sauté de l'hélico qui stationnait réglementairement à soixante mètres au-dessus de la cour. Il s'était cogné contre le patin de l'hélico, sa botte avait dérapé, la corde lui avait échappé. Dans un sursaut sportif, il était parvenu à la rattraper sur la longueur de son bras, mais n'avait pas eu le temps de l'enrouler ni de freiner sa descente. Il s'était écrasé vingt mètres plus bas sous les yeux de ses camarades.

Je savais que le GIGN comptait davantage de morts à l'entraînement que sur le terrain, mais jusqu'à la mort de Gallibert, je n'y pensais jamais.

Nous avons ramené Mélaine chez elle et l'avons entourée de toute la solidarité qui unit les femmes de militaires dans ces moments atroces où les hommes disparaissent brutalement. Véronique, admirable dans l'adversité, a pris les choses en main, s'occupant des enfants, distribuant la limonade et les paroles réconfortantes. Bientôt, le mari de Mélaine recevra la médaille à titre posthume et elle devra quitter leur logement de fonction. Telle est la règle administrative de la gendarmerie.

J'ai repensé à Simone, notre ancienne voisine. Si seulement on pouvait l'expulser elle aussi, qu'elle reparte avec tous ses secrets.

7

Pendant longtemps, j'ai été sur le qui-vive, dans l'attente d'un flic qui débarquerait chez nous avec un avis de recherche. J'ai longtemps guetté les journaux qui signaleraient la disparition d'un homme. J'ai vécu dans la crainte d'un appel à témoins mais rien n'est arrivé. En France, si la disparition d'un individu n'est pas jugée inquiétante par les autorités, aucune enquête officielle ne peut être ouverte. Surfant de manière anonyme grâce à mon service VPN, j'ai régulièrement visité les sites web recensant les personnes disparues. Avec le temps, je me suis faite à l'idée que cet homme surgi de nulle part était reparti vers le néant. L'étau qui me serrait le ventre s'est un peu relâché, même si je ressentais toujours de l'appréhension, au moment d'entrer dans une brigade, en passant devant le tableau des personnes recherchées.

Je n'ai jamais confié mon histoire à quiconque. Ma vie a repris son cours en toute impunité.

Mon admission aux tests du GIGN comblait mes ambitions, malgré les réticences paternelles. Néanmoins, prétendre intégrer cette unité qui porte les valeurs morales au plus haut degré tout en étant une meurtrière et une menteuse faisait de moi un être double, à la limite de la schizophrénie. Impossible de consulter un psy, un curé, toute confession m'était interdite. Blandine, mon double parfait, désapprouvait : peut-être qu'une partie de moi voulait à tout prix rentrer au GIGN dans l'espoir d'être enfin démasquée ? Je me suis posé beaucoup de questions, mais j'arrivais toujours à la même conclusion : ma place était là-bas.

Je bossais toujours à la CDOS en attendant le début des tests, prévus à la fin du mois. L'unité est petite, tout le monde était au courant du challenge qui m'attendait. Ma sélection suscitait de la jalousie chez certains, d'autres considéraient ma candidature avec scepticisme, mais la majorité de mes camarades m'encourageaient. Je me suis attachée à faire profil bas, à m'appliquer, à intégrer les équipes de filature, à prouver ma motivation. De la discrétion avec une pointe d'audace. Ne pas perdre la cible de vue, sans se faire « détroncher », c'est-à-dire repérer. Oublier mes réflexes de gendarme, m'adapter à chaque situation, toujours dans l'improvisation, bref passer du statut de menteuse amateur à celui de professionnelle. J'y voyais là un agencement parfait entre le passé, le présent et le futur, la justification divine de mon imposture.

J'en voulais toujours à mon père de m'avoir lâchée. Je gardais mes distances. Vincent, qui me connaissait par cœur, voyait bien que ça me rendait malheureuse. Il m'a emmenée courir un jour pour me changer les idées. Il me répétait que le GIGN c'était pour moi, pas pour Jean-Pierre Olberg, qu'en tant que père, c'était normal, il se faisait du souci, que ça n'avait pas plus d'importance que cela. Je l'écoutais, mais ne l'entendais pas. C'était facile de juger, lui qui n'avait connu que des foyers sociaux, que pouvait-il comprendre des relations entre une fille et son père ? Il s'est arrêté pour me prendre dans ses bras. « On ne doit rien à nos parents », m'a-t-il dit, il en savait quelque chose, lui qui n'en avait jamais eu. La vie était devant moi, avec lui, avec Virgile. Blandine s'est pointée, en survet bleu à rayures, ses baskets blanches impeccables malgré la boue. « Il a raison ! » Elle a agité un index culpabilisateur. Dégage, connasse.

Seul Vincent savait me rassurer, m'empêchant de sombrer dans des abîmes délétères. Jusqu'à un certain point. Il veillait sur moi, sans rien exiger en retour. Sa patience était infinie. Il était mon ange gardien, celui qui ne m'abandonnait jamais. Pourtant, je n'arrivais pas à lui confier mon secret. Malgré tout l'amour que cet homme me portait, je restais sur la défensive.

Ce jour-là, il m'a conseillé de ranger mes émotions négatives dans une boîte métallique bien étanche au fond de ma tête. Il avait raison, j'avais besoin d'être au taquet, concentrée sur l'objectif, en pleine possession de mes moyens. J'ai obéi.

Le lendemain, une belle occasion s'était présentée pour montrer à mes chefs ce que j'avais dans le ventre. Par un concours de circonstances exceptionnel, nous avions été appelés en renfort de la section de recherches de Versailles. Notre mission était de garder le contact visuel avec un convoi de voitures volées qui transportait deux cents kilos de shit remontant du Maroc, à travers l'Espagne et la France, jusqu'à la Seine-Saint-Denis.

Au volant d'une Subaru, j'étais dans la situation que je préférais entre toutes : piloter, aussi vite que possible. À deux cent vingt kilomètres heure, je me suis concentrée pour ne pas perdre de vue le *go fast*, un groupe de trois puissants véhicules volés conduits par les trafiquants. À côté de moi, Jeff, mon co-équipier, ne pouvait s'empêcher à chaque accélération de serrer la radio dans laquelle il donnait les ordres en cours d'opération. Le reste de l'unité suivait à distance, comme elle pouvait. Dès que la section de recherches aurait bouclé un péage et sécurisé la zone, elle pourrait engager l'interpellation, quitte à ce que celle-ci se termine par l'usage des armes devant les guichets du péage, seul endroit suffisamment rétréci pour que l'on puisse y ralentir et stopper des voitures rapides conduites par des pilotes décidés à passer à tout prix. La section de recherches avait identifié les dealers après un an d'enquête et attendait cette livraison depuis plusieurs semaines, il n'était pas question de les manquer, il fallait impérativement saisir la came pour matérialiser les faits.

La radio a craché : « Dispositif d'interception en place au prochain péage. » Fin de mission pour mon coéquipier et moi. J'ai ralenti pour me ranger sur une aire de service. « DOG, tu es franchement barge », m'a lancé Jeff avant d'ajouter, perfide, « les têtes brûlées, ils aiment pas trop au GI, fais gaffe, tu vas te cramer ». Je lui ai demandé sur le même ton de camaraderie s'il était jaloux et son rire gras en dit long. Avant de redémarrer sur les chapeaux de roue, je lui ai donné un conseil d'amie, arrêter de baiser la femme du capitaine van Beneden. Il m'a regardée bouche bée. « Tu as les doigts qui sentent la chatte. »

Tête de Jeff.

Mon flair n'y était pour rien, tout le monde dans l'unité était au courant de son histoire de cul avec la trop jolie épouse du capitaine.

La pression montait. Je m'entraînais beaucoup, mais il me fallait un coach pour passer la vitesse supérieure. J'aurais pu demander à Vincent, mais j'avais surtout besoin de mon père, lui faire la tête ne servait à rien, sans lui je tournais à vide. Vincent m'a convaincue de faire la paix avec lui ; j'y ai trouvé mon compte.

Il bricolait dans son atelier, un des garages du pavillon, transformé en succursale du BHV. Il avait fixé des panneaux en bois sur les murs en béton pour accrocher son matériel. Chaque outil était précisément répertorié, étiqueté, huilé. Au milieu de la pièce trônaient plusieurs établis de tailles et hauteurs différentes où s'échouaient des bouts de moteur, un tiroir de cuisine entre deux serre-joints, un décapeur thermique. Mon père, en chemise sable, jean 501 et bottines conçues par Weston pour la gendarmerie (sans couture latérale), démontait le vélo bleu de Virgile, retourné sur sa selle.

Mon fils adorait son grand-père qui le lui rendait bien. Alors qu'il ne l'avait jamais été avec moi, le colonel Olberg se montrait d'une patience infinie avec cet enfant, trouvant toujours le temps de lui offrir un diabolo grenadine chez Madjid pour lui raconter une de ses histoires de soldat dont Virgile raffolait. Je me souviens d'un jour où le petit était alité avec la grippe. Je revois mon père à son chevet lui raconter la chute de Saïgon : « Et c'est là, nom de Dieu, que les Viets ont tout fait péter ! » Nous avions ri avec Vincent devant le visage accablé de Virgile, les yeux dévorés par la fièvre. L'été, à Varengeville, ils allaient « voir les Filles ». Le jeu consistait à ce que je demande : « Mais c'est quoi les Filles ? » pour que Virgile me réponde, d'une voix flûtée : « C'est entre grand-père et moi, maman, ça ne te regarde pas. » Et ils partaient nager vers des criques connues d'eux seuls où les Filles, ces algues qui d'habitude font peur aux enfants, portaient mon fils sur un matelas douillet. Virgile revenait avec l'œil sournois du requin au ras des vagues, enchanté d'avoir partagé un moment secret, « et très dangereux », me disait-il, avec son grand-père.

Il me tournait le dos lorsque je me suis introduite dans sa boîte à outils géante. Il n'a pas levé la tête, ne m'a pas dit bonjour, il était concentré, penché sur la chaîne du vélo qui lui résistait. Je suis passée derrière lui sans le déranger, me suis dirigée vers le mur du fond, là où il avait fabriqué des étagères en mélèze pour superposer des boîtes en carton gris, elles aussi clairement identifiées. À l'intérieur, des petits tiroirs en plastique remplis de vis, de boulons, d'écrous se chevauchaient. J'aimais bien l'univers de cette maison de poupées pour garçons, pleine d'objets étranges. L'air était imprégné d'odeurs masculines : alu, essence, cambouis. Avec une pointe de lavande, son parfum à lui. J'ai ouvert un tiroir étiqueté *bouts de ficelles définitivement trop petits pour servir à quoi que ce soit.*

« Pourquoi les garder s'ils ne servent à rien ?

— On ne sait jamais.

— J'ai besoin que tu m'entraînes pour la semaine de tests. »

Un écrou de la chaîne lui résistait. Il a envoyé valdinguer la pince machin.

« Merde, merde et MERDE ! »

Enfin, il s'est tourné vers moi, l'air hargneux des gens que l'on dérange.

« C'est quoi ton point faible ?

— Les bras. »

Il a levé les sourcils pour souligner la lamentable évidence et s'est retourné, bougon, vers son établi. Il a fixé la chaîne autour des pignons, a vérifié l'axe du guidon d'un œil expert puis a retourné le vélo sur ses deux roues.

« Papa, si tu m'aides, je peux y arriver. »

J'ai eu envie de rajouter, par défiance, mais je n'ai pas osé : « Pour réussir là où tu as échoué. » Je me suis retenue. Je savais la blessure encore à vif. Le GIGN n'avait pas voulu de lui et il ne l'avait jamais digéré.

En août 94, il avait participé à la prise d'otages de Marignane, une des interventions les plus glorieuses du GIGN avec en renfort l'EPIGN, l'unité à laquelle il appartenait à l'époque. Les deux unités s'accordaient l'une avec l'autre, mais la plus mythique restait le GIGN. C'est une tradition militaire aussi idiote que persistante :

si vous appartenez à l'infanterie, on vous oblige à regarder les cavaliers, les artilleurs, le Génie et tous les autres de haut ; au premier régiment d'infanterie, vous insultez le deuxième régiment. À la troisième compagnie, vous vomissez la première puis la deuxième et ainsi de suite.

Au fond d'eux-mêmes, les gendarmes du GIGN se seraient crus insultés si on les avait mis au même niveau que leurs camarades de l'EPIGN dont les épreuves de sélection étaient un peu moins difficiles, les missions un peu moins dangereuses. Il n'en fallait pas plus pour qu'une hiérarchie non avouée s'installe entre les deux unités. Pourtant leurs rôles étaient différents. « C'est un autre métier », disaient avec une pointe de condescendance ceux du GIGN à propos de leurs camarades de l'EPIGN. En opération, tandis que le GIGN assurait la mission principale, l'assaut, la plus noble, lorsque ses tireurs d'élite se mettaient en position, ceux de l'EPIGN, comme à Marignane, tournaient leurs fusils vers l'extérieur du dispositif pour éviter les intrusions. Tout un symbole. Avec ça, comment prétendre tutoyer la même gloire ? Il n'empêche, à Marignane, si les soldats du GIGN étaient à bord de l'avion, ceux de l'EPIGN étaient en bas. Le succès de l'opération appartenait aux deux unités et ça, personne ne le contestait.

J'avais souvent entendu les camarades de mon père lui dire que c'était à cause de son appartenance à l'EPIGN qu'il n'avait pas été pris au GIGN. Avec le recul, je pense qu'il manquait surtout une dimension essentielle pour que mon père soit accepté dans le Groupe : l'esprit de fronde. Les missions sont tellement particulières que

Prouteau – le créateur du GIGN – obligeait ses hommes à « utiliser chaque occasion pour atteindre l'objectif, *même en enfreignant les ordres.* Soyez autonomes[1] ». Une notion impossible à concevoir pour mon père, pour qui un soldat devait obéir aveuglément. Nous étions en profond désaccord sur ce point précis, il le savait, j'avais passé mon enfance à lui désobéir.

Le 26 décembre 1994, tard dans la nuit, il m'avait réveillée pour m'embrasser. Peut-être mon premier vrai souvenir, j'avais presque quatre ans. Il m'étouffe, les boutons de son uniforme égratignent ma joue. Pourquoi les hommes – hier, déjà, le Père Noël – se déguisent-ils la nuit ? Je le revois devant la porte d'entrée, partir en courant vers la cage d'escalier, tenant à la main les deux clémentines que ma mère lui avait jetées.

La suite, il nous l'a racontée, encore et encore.

Quatre islamistes algériens avaient pris le contrôle d'un avion d'Air France, faisant basculer la France dans le terrorisme. Après cinquante-quatre heures de négociations qui s'enlisaient, le GIGN avait lancé l'assaut, évitant au pays, à sept ans d'écart, son 11 septembre 2001.

Ce matin du 26 décembre, à trois heures douze, l'Airbus A300 s'était posé à Marseille-Marignane sur la piste d'un aéroport qui semblait abandonné, trafic aérien interrompu, pas un humain sur le tarmac. Pourtant les tireurs du GIGN étaient là, tapis dans l'obscurité, camouflés dans la nuit froide depuis des heures. Certains, pour mieux se rendre invisibles, avaient creusé des trous dans

1. C. Prouteau et J.-L. Riva, *GIGN. Nous étions les premiers*, Nimrod, 2017.

le sol gelé, à coups de pelles rétractables. Quelques jours plus tard, je creuserais ma galerie de tireuse d'élite dans le jardin, derrière la maison. J'y resterais deux heures avec un paquet de Choco fraise et le général Totor, un chien-saucisse en tissu maintes fois reprisé par Baba Lena, jusqu'à ce que les jumeaux me retrouvent à la nuit tombée. Ils m'avaient dénoncée en hurlant de joie à Luisa, qui m'avait balancé une giroflée à cinq branches, ma première et unique baffe maternelle.

Les gendarmes avaient déployé le toboggan latéral droit pour faire sortir les passagers de l'avion. Mon père et ses camarades de l'EPIGN les avaient pris en charge et dirigés vers l'aérogare, après les avoir identifiés pour éviter d'embarquer des terroristes.

Il évoquait l'intervention avec un mélange de ferveur et d'humilité. Il concluait – et cela m'impressionnait toujours – en citant Denis Favier, le commandant du GIGN à l'époque : « Il est important d'avoir fait, au moins une fois dans sa vie, quelque chose de grand. »

C'est sans doute là qu'est née ma vocation. Moi aussi, je voulais faire quelque chose de grand.

Il s'est essuyé les mains avec un chiffon sale jeté sur l'établi.

« Bon, ce n'est pas comme s'il y avait un mort entre nous, hein ? »

Il s'est approché pour tâter mes bras.

« Non, mais regardez-moi ces biceps de rat ! »

Il a fait mine de m'envoyer un uppercut que j'ai esquivé.

« Bien sûr que je vais t'aider », m'a-t-il dit en m'attirant contre lui. J'étais encore méfiante, les bras pendant de chaque côté de mon corps raide. Il avait la voix légèrement voilée. « Je vais t'apprendre tout ce que je peux, mais la vie est mal faite, l'expérience est la seule chose que je ne puisse pas te transmettre. Alors j'ai peur pour toi et ça me rend con. »

Ainsi, Vincent avait raison.

Mes bras se sont enroulés autour de son dos, nous étions réconciliés, je pouvais à nouveau respirer.

Pendant les deux semaines qui me restaient avant de partir, il m'a entraînée, me coachant jour et nuit pour que j'aborde les épreuves dans les meilleures conditions possibles. Il ne m'enseignait pas seulement les techniques de combat, mais surtout les à-côtés : solidité mentale, conception de la vie, rapports de domination avec les autres. Une véritable machine de guerre qu'il n'avait pas besoin de pousser trop fort tant je réclamais les exercices les plus difficiles, à la limite de l'insupportable : simulation de combats, sauts en parachute, footing de huit kilomètres en rangers et treillis avec un sac à dos rempli de pierres à parcourir en moins d'une heure. Onze kilos pour les garçons ramenés à cinq pour les filles, mais je voulais qu'il charge la mule. Pareil pour les agrès : pompes, tractions, corde, etc., toujours plus haut, toujours plus dur. Je savais que les instructeurs seraient moins exigeants sur les chronos des pistes d'audace, ces Koh-Lanta des militaires stagiaires, parcours aux épreuves plus harassantes les unes que les autres, censées nous aguerrir et nous endurcir, physiquement, mais aussi psychologiquement. On ne demande pas aux filles les mêmes performances, certes, mais on ne leur passe rien non plus.

Ces quelques semaines d'entraînements nous avaient rapprochés. Finalement, peu importaient les raisons pour lesquelles il m'avait aidée à dissimuler mon crime. Il était à mes côtés, m'inculquait tout ce qu'il savait.

Personne ne me ferait de cadeau, il me l'avait assez répété. Cela ne me faisait pas peur, la vie ne m'en avait pas fait tant que ça. Nous serions bientôt une centaine de postulants venus de toute la France et au bout d'une semaine, il n'en resterait que dix ou vingt.

Je devais me placer en tête dès le début.

8

Nathalie, à qui j'allais bientôt vouer une haine mortelle, était depuis toujours ma meilleure amie. Ma sœur, ma confidente, celle que j'aurais rêvé d'être.

Notre amitié remontait à la sixième, au lycée Jules-Ferry de Versailles. Je me battais avec un garçon dans la cour lorsqu'elle s'était approchée de moi pour me glisser d'une voix sucrée : « Mets-lui le doigt dans l'œil et tourne, ça va plus vite. » C'est ainsi qu'au prix d'une journée d'exclusion et d'une mémorable raclée paternelle, Pascal Frèrejacques ne me chercha plus jamais noise. Nathalie et moi étions devenues inséparables. Ses parents étaient charcutiers, à deux pas du lycée. J'avais pris l'habitude d'aller faire mes devoirs chez eux, au-dessus du magasin. Pour le goûter, sa mère, une grosse dame joviale à fleurs, nous régalait de rillons et de bouchées à la reine, des vraies, avec du ris de veau noyé dans la béchamel.

Nos chemins s'étaient séparés. Nous nous étions retrouvées sur Facebook quelques années plus tard, j'étais enceinte de Virgile, elle vivait près de Versailles.

Nathalie était tout ce que je n'étais pas : populaire,

rieuse, culottée, sans aucune morale. Si la fin justifie les moyens, avec elle, le compte était toujours bon. Elle trichait souvent, ne se faisait jamais prendre, sachant se faire aimer pour sa nature enjouée et ses manières attentionnées. Quel escroc ! Moi seule savais à quel point cette fille pouvait être rouée et dissimulatrice. Elle me fascinait.

Elle aurait pu devenir actrice ou femme de banquier, mais Nathalie avait choisi d'être volage et d'ouvrir un magasin de vêtements vintage à Satory. Elle bénéficiait d'une belle clientèle avec les femmes de militaires aux modestes revenus. On trouvait chez elle le joli petit ensemble qui ferait sensation au prochain barbecue chez la femme du général, ou la paire d'escarpins à peine portée, encore un peu à la mode.

Je trouvais Nathalie d'une beauté stupéfiante. Une épaisse chevelure rousse ondulait sur ses fines épaules. Elle avait des seins lourds, difficiles à tenir en place dans des chemisiers cintrés, entrouverts sur une petite croix en argent. Elle mesurait presque un mètre quatre-vingts, souriait en permanence comme pour s'excuser de prendre autant de place, agitait ses mains d'une façon charmante. Tout cela n'était que posture, car Nathalie n'aimait rien tant que d'être le centre de l'univers. Elle savait très bien l'effet qu'elle provoquait sur les autres, pas seulement auprès des hommes, affolés par cette beauté solaire qui sentait l'ambre, le musc et le sexe humide. Elle maîtrisait à la perfection son statut de faible créature, cultivant l'art d'être un peu écervelée pour ne pas effrayer ceux ou celles dont elle recherchait la compagnie, l'amitié ou l'amour, dont elle n'était jamais rassasiée.

Un jour, alors que nous rentrions de Paris où je l'avais accompagnée au salon du Vintage, le voyant d'huile s'était allumé sur le tableau de bord de sa fiat 500. Je la revois chalouper vers un trente-huit tonnes garé sur le parking adjacent. Sur la pointe des pieds, elle avait baratiné le chauffeur, estomaqué par cette vision échappée d'un calendrier Pirelli. Le type était descendu de son camion, Nathalie avait fait mine d'ouvrir le capot de la Fiat, mais il l'avait interrompue d'un « laissez faire ma petite dame ». Pour aider, elle avait pointé un doigt manucuré rose corail vers le réservoir du lave-glace, ce qui avait bien fait rire Raoul. C'est tellement charmant une jolie femme qui ne sait rien faire. Surtout lorsque ce n'est pas la vôtre.

Je l'aimais parce qu'elle me faisait rire et aussi parce qu'elle se comportait comme un mec, avec un égoïsme et un appétit très masculins. Moi aussi je me comportais comme un mec, mais davantage pour leur ressembler que pour les séduire. Nathalie changeait d'amant comme de chemise – on ne refuse pas un cadeau du bon Dieu, me disait-elle en jouant avec sa petite croix, c'est péché –, ne s'attachait à aucun homme, ne recherchant que le plaisir éphémère d'un bon coup. Invariablement, ses conquêtes tombaient amoureuses d'elle, l'obligeant à s'arracher brutalement à ceux qui étaient devenus du jour au lendemain trop collants.

Nathalie m'avait choisie comme confidente et amie, sans doute parce qu'elle était très seule, perdue dans ses contradictions de femme enfant, tour à tour méchante, enjôleuse et malheureuse. Elle avait confiance en moi, elle avait raison, je ne la jugeais pas. J'avais failli lui raconter mon secret, mais chaque fois que je débordais de mal-être, que j'aurais eu besoin de m'épancher pour crever l'abcès qui infectait chaque instant de ma vie, quelque chose me retenait.

Lorsque je suis rentrée à la CDOS, elle venait souvent à la maison, Virgile l'adorait et Vincent la trouvait rigolote. Je lui avais demandé de veiller, pendant mes absences dont il était parfois difficile de prévoir la durée, au confort de mes deux hommes ; de ramener parfois Virgile de l'école, de s'assurer que le frigo soit plein et si possible de bonnes choses ; de m'appeler si elle avait la moindre inquiétude sur le moral ou la santé de mes amours.

Nathalie s'acquittait avec dévouement de cette tâche. Parfois presque trop. Il m'arrivait d'avoir des doutes, faut-il le dire, sur la nature exacte de son attachement à nous. À Virgile, car elle n'avait pas d'enfants. À Vincent parce qu'elle n'avait pas d'homme ; et même à moi, parce que sa sexualité très décomplexée me faisait un peu peur.

Mais surtout, et c'était là le problème, Nathalie était toujours disponible.

Ce samedi-là, dernier week-end avant mon départ, elle m'a emmenée faire du shopping, un truc que je détestais. Je commençais les tests le lundi suivant et je devais m'équiper de toute urgence. Vincent et Virgile nous accompagnaient, en traînant un peu les pieds, mais nous n'avions pas tant que cela l'occasion d'être ensemble alors j'avais insisté. Nous avions grimpé dans la Duster de Vincent, direction le Décathlon de Versailles. Je savais qu'à titre d'entraînement, les instructeurs nous préparaient des nuits dans le froid glacial et je voulais un sac de couchage le plus chaud possible. J'emportai un sac-poubelle pour essayer les duvets. Virgile trouvait la situation très amusante, il rêvait de venir camper avec moi. Nathalie qui s'embêtait avait surgi devant nous, moulée dans un tee-shirt de camouflage. Elle avait pris soin de retirer son soutien-gorge et riait comme une petite fille dans un déguisement de princesse. Les hommes dans le magasin la regardaient comme le loup de Tex Avery, les yeux exorbités. Vincent n'avait pas prêté attention à elle, ce qui m'avait réconfortée.

Sur le chemin du retour, Nathalie avait insisté pour s'arrêter dans sa boutique et me faire un cadeau. « Allez Fine, on va te trouver une robe, y en a marre des treillis militaires. »

Je travaillais la plupart du temps en vêtements civils pour mieux me fondre dans l'environnement. Cela m'arrangeait bien de ne porter que rarement l'uniforme de la gendarmerie qui n'est pas folichon : jupes coupées comme des sacs en dessous du genou, pantalons 100 % polyester, coloris bleu gendarme à bandes noires, toujours un peu courts sur les chaussures réglementaires (comme des chaussures de curé, mais en mieux cirées). En hiver, chemise bleue pour le service ou blanche pour les cérémonies, à manches longues, ou à manches courtes l'été. Mais le pire, le supplice, c'est le postillon, une espèce de galurin ridicule aux bords relevés comme un chapeau breton. À côté, le képi est plutôt sexy. L'objectif, en intervention, n'est certes pas d'être une reine de beauté, mais d'imposer le respect, on est d'accord. Mais enfin tout de même, nous pourrions être un tout petit peu plus stylées dans nos uniformes que cela n'enlèverait rien au sérieux de la fonction. En revanche, un soupçon de maquillage pour aller sur le terrain sape notre légitimité. Ça tombait bien, en ce qui me concernait, ni maquillage ni parfum, je cherchais à être la plus neutre possible. Comme dans les rares dîners en ville où nous allions avec Vincent où lorsque l'on me demandait quelle était ma profession, je répondais « responsable informatique chez IBM ». Ou « chômeuse ». Ça calmait bien. L'anonymat est important dans nos métiers.

Dans le magasin, Nathalie m'avait déniché une robe en lamé argent, un truc de pute que je ne mettrais jamais et dans lequel je m'étais sentie tout de suite mal à l'aise. Elle m'a tendu un miroir à pied et m'encourageait ; Virgile, au comble de l'excitation, sautillait sur place, « trop belle maman ! ». Dans le miroir, j'ai aperçu Vincent et mon cœur s'est arrêté de battre. Ses yeux étaient posés sur moi mais c'est Nathalie qu'il regardait. Cela n'avait duré qu'une fraction de seconde, pourtant je l'avais vu, nettement. Cela m'avait atteinte davantage qu'une balle perdue. J'ai retiré la robe pour enfiler mon jean, fébrile, en vrac.

De retour à Satory, j'ai embrassé Nathalie. Elle m'a souhaité bonne chance pour les tests. Elle savait que je réussirais, elle était fière de moi, ses yeux brillaient d'admiration. Et je pouvais compter sur elle pour s'occuper des garçons.

Je n'en doutais pas un instant.

9

Le dimanche soir, veille de mon entrée à Mondésir, nous avions dîné chez mes parents dans le quartier Guichard 1 du plateau de Satory, une cité plus récente que le quartier Delpal où nous habitions. Chez nous les bâtiments de quatre étages étaient en meulière, là-bas, les immeubles ressemblaient à des HLM.

Ce soir-là chez les Olberg, l'ambiance était joyeuse. Maman avait préparé une jolie table et lorsque nous sommes arrivés, Vincent, Virgile et moi à dix-neuf heures trente pétantes, papa faisait blobloter sa fameuse sauce bolognaise, le seul plat qu'il savait faire, mais dont nous ne nous lassions pas. Elle était délicieuse sa sauce, il ajoutait au dernier moment des cubes de tomate fraîche et une pointe de pesto, l'influence italienne de Luisa.

Seul bémol à cette réunion familiale, la présence de Simone que Luisa avait invitée, la pauvre, toujours seule, quelle solitude, il faut s'entraider ma chérie, c'est aussi ça l'esprit de famille de la gendarmerie.

La vieille chouette me fixait de ses yeux humides ; je l'aurais préférée morte et enterrée sous le terrain de foot plutôt que de la voir ici siroter un prosecco, son sac Chanel de pacotille sur les genoux. Je décidai de l'ignorer. Nous avons trinqué à mon avenir.

Simone a pris ma main. Ses yeux glauques scrutaient ma paume avec la précision d'une balayeuse à infrarouges. Elle sentait la poudre périmée et un ersatz d'Arpège de Lanvin dont la composition avait tourné depuis belle lurette. J'identifiai un relent de bergamote, d'œillet, une pointe de tubéreuse rancie et, en note de fond, l'héliotrope, la vanille, le santal et l'iris fané. Beurk.

Je connaissais toutes ces plantes grâce à Luisa. Lorsque j'avais huit ans, elle avait mis au point une espèce de réveil diabolique qui se déclenchait le matin en diffusant des odeurs végétales. Lorsqu'elle ne donnait pas ses cours d'italien par correspondance, Luisa inventait tout et n'importe quoi. C'était sa façon à elle de surmonter ses angoisses lorsque mon père partait en mission. Elle s'enfermait dans son atelier et inventait sans cesse, parfois avec fantaisie, souvent avec l'obstination d'un savant fou. Après le réveil olfactif, nous avions eu droit au compacteur de bouteilles portatif, à l'assomme-taupes, au coince-renard à engrenage universel et au convertisseur d'unités, une trouvaille dont elle était particulièrement fière. « C'est très agaçant les recettes en millilitre et les verres mesureurs en centilitre, on voit bien que les hommes qui conçoivent ces outils ne s'en servent jamais. » Elle avait été déprimée par le flop du collier connecté de Narvik et Borodino, l'engin se déclenchait dès que les chiens aboyaient, mais le brassard lumineux, rechargeable sur allume-cigare, l'avait réconciliée avec la science. « Je me fais tellement de souci lorsque vous partez courir la nuit », disait-elle en m'enfilant sur le bras le manchon fluorescent, les yeux brillants de satisfaction.

La vieille bique a laissé retomber ma main. « C'est curieux, cette jeune femme n'a pas de ligne de chance. » Sa remarque bizarre a jeté un froid, j'ai frissonné. La panique montait. Comment vivre sans chance, moi qui en avais tant besoin, à la veille d'affronter ces putains d'examens, moi la criminelle en sursis ? Baba Lena conseillait de fuir ceux qui se flagellaient sous prétexte qu'ils n'avaient pas de chance. « La Chance, Delphine, la Chance ! Elle se cultive, il faut la provoquer, la nourrir, ne la prêter à personne ! » Qu'allais-je devenir si la Chance m'abandonnait ?

Mon père a fait alors un truc complètement dingue. Il s'est levé, a fouillé dans la poche gauche de son pantalon – un de ces chino Dockers que maman lui achetait par correspondance. Il en a extirpé le canif en manche d'ivoire qu'il avait toujours sur lui depuis l'Afghanistan, un cadeau de son copain Artan. Il a ouvert le couteau, retourné ma main avec douceur. J'ai déplié mon poing serré. Nos regards se sont rencontrés : la lame du couteau a jailli et, d'un geste vif, il a taillé une longue estafilade dans la paume de ma main, faisant perler une ligne rouge. Je n'ai pas cillé. « Voilà, elle en a une maintenant », et il a tranquillement refermé le couteau, sans faire claquer la lame.

Tête de Simone.

J'ai regardé ma paume ensanglantée, émerveillée. Ainsi,

la fatalité n'existait pas, il suffisait d'un peu d'audace et d'un bon couteau à viande pour la contrarier.

Virgile nous regardait bouche ouverte, le pouce baveux. Vincent, jamais désarçonné par cette famille fantasque, a trouvé un torchon propre pour me faire un bandage. Chacun de ses gestes était hérissé de reproches : sa façon de me regarder, ses gestes précis trahissaient sa désapprobation. Qu'il ne comprenne pas la force de ce geste symbolique le déclassait à mes yeux, je le trouvais inconsistant. Critiquer mon père, même en silence, c'était me blesser moi. Papa a bu sa Stolichnaya cul sec. Avec le regard cauteleux du chien qui a volé un jambon, il observait ma mère qui se levait. Digne, sans un mot, Luisa a quitté le salon, laissant derrière elle le parfum chargé de la réprobation.

Elle a disparu dans le couloir, silhouette fière et malheureuse. Finalement, cette petite femme volontaire n'était pas qu'un culbuto bourré d'énergie. Elle était aussi une femme fragile. Un jour, l'ordre des choses s'inverse, nos parents deviennent nos enfants, on les voit chanceler dans leur tête et sur leurs jambes. Ce soir-là, je ne voyais plus ma mère comme une rivale, mais comme un vase fêlé. En réalité, je lui devais beaucoup. Sans m'en rendre compte, j'avais refait avec mon fils les câlins qu'elle m'avait donnés, j'avais meumeumé les comptines de mon enfance et m'étais défoncée pour jongler avec mes missions afin d'être quand même présente à ses côtés. Inconsciemment, j'avais reproduit l'amour maternel de Luisa.

Je l'ai retrouvée dans son atelier, assise en tailleur devant un placard ouvert. Elle tirait vers elle une grande boîte en carton remplie de photos. Elle me regardait en souriant comme si rien ne s'était passé. Luisa avait la formidable élégance de ne jamais faire peser ses chagrins sur les autres. En lui tendant ma main blessée, je reprenais ma place d'enfant. Sans me lâcher, elle a farfouillé dans son établi foutraque ; l'odeur si familière du Collosol mêlée à son parfum de savonnette à la glycérine a glissé jusqu'à moi, promesse d'une infinie douceur. D'une main, elle a attrapé le Dakin, du coton et de la gaze. Je l'ai regardée me soigner, concentrée, un peu voûtée par la tâche, lunettes perchées au bout du nez. J'ai aperçu quelques cheveux blancs sur sa tempe ; la crainte de briser cet instant de grâce et une pudeur idiote m'ont empêchée de l'embrasser. « Ton père exagère. Et ça la fout mal de commencer tes tests avec une blessure à la main, vous êtes complètement inconscients, ce romantisme slave c'est idiot à la fin et la pauvre Simone, que va-t-elle penser, oui, je sais, tu ne l'aimes pas, mais elle a souffert, tu sais. Et mon petit Virgile, si sensible ! Tu as acheté sa tenue de judo ? Il commence mercredi, ne l'embarrasse pas *cara mia*, ne l'embarrasse pas ! Achète-lui quelque chose de bien et dis-moi, avec Vincent ça va ? Parce que si ça ne va pas, je lui arrache les couilles moi, tu sais ! » Elle riait. « Comme ma mère qui a tenu tête à l'Armée rouge, je t'ai déjà raconté ça ? »

Oui, Luisa, tu m'as déjà raconté ça. J'ai interrompu son monologue.

« Tu l'aimes encore ? »

Une vague est passée sur son visage. Elle a coupé un fil de gaze avec les dents.

« Pourquoi tu me demandes ça ?

— Parce qu'il n'est pas facile.

— Je l'aime depuis toujours. Et tu sais, je ne suis pas un cadeau non plus, j'ai beaucoup à me faire pardonner. »

Avant que je puisse décrypter cette phrase étrange, Luisa s'est levée pour plonger la main dans le carton de photos. « Trente ans de mariage et je ne sais toujours pas qui il est. Ma plus grande énigme ! Mais j'enquête, pire qu'un colonel de gendarmerie ! » Elle m'a tendu une photo. Mon père posait dans son uniforme. « Tiens, regarde comme il était beau, vingt-trois ans, à la sortie de Saint-Cyr. Moi j'en avais vingt, nous nous sommes mariés dans la foulée. Tu te rends compte, nous étions plus jeunes que toi aujourd'hui. » Était-elle jalouse ? « Tu connais une femme qui ne l'est pas ? Ce n'est pas des hommes qu'il faut se méfier. Les bonnes femmes sont redoutables. Ça les excite un homme heureux avec une jolie femme. Moi, maintenant, je ne prends plus de gants. Si j'en vois une lui tourner autour, je la dégage manu militari ! En plus, ça flatte l'ego de ton père. Il faut faire confiance, mais jamais trop. Et Vincent, il est fidèle ? Parce que dans un couple, pour que ça marche, il faut qu'au moins un des deux le soit ! » J'ai ri à mon tour sans oser lui raconter à quel point j'étais jalouse de Vincent. Moi aussi, je montais la garde, mais je ne m'arrêtais pas là, j'étais devenue experte dans la prévention ultraparanoïaque. Je faisais les poches de Vincent. J'épluchais ses SMS, au moins une fois par jour lorsque j'étais à la maison. Parfois, la nuit, je perquisitionnais ses mails et pas que la boîte de réception, les Envoyés, les Spams et la Corbeille y passaient aussi. Les numéros de portables non identifiés me rendaient dingue. Je les appelais et si, par malheur, je tombais sur une voix de femme, je n'en dormais plus, je surveillais le numéro suspect pour voir s'il revenait dans les appels, je remontais le fil jusqu'à trouver l'identité de la pétasse. J'avais mis au point une méthode imparable : appeler la fille et me faire passer pour une employée des impôts. « Bonjour madame, Trésor public. Nous avons un trop-perçu d'impôt sur le revenu à vous rembourser. » L'appât du gain faisait le reste. « Pouvez-vous me confirmer votre nom, adresse et date de naissance, s'il vous plaît ? »

Commençait alors un sournois travail d'inquisition pour démasquer le criminel.

« Tu connais une fille qui s'appelle Sylvia ? »

Ton détaché, ne pas avoir l'air inquiet, ne pas être agressive.

« Non, pourquoi ?

— Elle a cherché à te joindre sur le fixe. Elle a demandé que tu la rappelles, ça avait l'air assez urgent. »

La ligne à l'eau, il me suffisait d'attendre la mort au ventre avant de remonter les filets. Si Vincent rappelait le numéro en question, j'avais la preuve de mon infortune. S'il ne rappelait pas, fausse alerte.

Il n'avait jamais rappelé, je ne l'avais jamais coincé.

« Tiens ! »

Luisa me tendait une photo. Mon père, très souriant, en treillis, entouré de deux hommes, des Afghans probablement.

« Ça, c'est ton père en Afghanistan en 90. Jalalabad,

près de la frontière avec le Pakistan. Il est parti longtemps, c'était dur. J'étais enceinte de toi.

— C'est qui les types avec lui ?

— À gauche, son copain Artan. Il ne m'a jamais raconté ses missions en détail, mais Artan a compté pour lui, Jean-Pierre lui a sauvé la vie. L'autre, je ne sais pas. »

J'ai scruté la photo et mon cœur s'est emballé.

« Ça va, Delphine ? » m'a dit Luisa, sensible au changement d'atmosphère.

Je me suis levée sans pouvoir détacher mes yeux de cette photo.

« Tu aurais une loupe ? »

Elle a écarté des bobines de fil dans sa boîte à couture pour en extirper une vieille loupe en bakélite au verre rayé par le temps.

C'était désormais une certitude. L'homme qui souriait à la droite de mon père portait sur son bras le même tatouage que mon violeur, un aigle à deux têtes, souligné de la même inscription en cyrillique, сила.

J'ai improvisé un gros bobard.

« J'en étais sûre !

— Quoi, mais quoi ? »

J'ai tendu la loupe à Luisa.

« Tu as vu ce qui dépasse de la poche d'Artan ?

— Le couteau ! C'est le couteau qu'il a offert à ton père et avec lequel il t'a fait une ligne de chance ! »

J'ai hoché la tête, obligeant mon cœur à revenir à soixante-dix pulsations par minute.

« Je peux garder la photo en souvenir ? »

Ma mère m'observait avec un drôle d'air, elle n'était

pas dupe, mais elle me connaissait trop pour me forcer à en dire davantage. Pour changer de sujet, je lui ai demandé sur quoi elle travaillait en ce moment. Elle a empoigné une espèce d'objet d'un mètre carré sur l'établi, un grand morceau de toile verte entourée de petits boudins cylindriques.

« C'est un radeau pour empêcher les hérissons de se noyer dans les piscines. »

Ses yeux brillaient.

« Il y a encore un peu de travail, mais je crois que je tiens là une invention sensationnelle qui pourra sauver la vie de beaucoup d'animaux. »

Maman, s'il te plaît, invente-moi un radeau pour ne pas couler.

10

Pour mes cinq ans, mon père m'avait offert une tirelire très amusante qu'il avait rapportée, m'avait-il juré, de la lune : une boîte carrée, en bakélite noire, d'où jaillissait une main de squelette lorsqu'on la frottait. La tirelire fonctionnait avec une pile de 9 volts – mettre le bout de ma langue sur les pôles pour la minuscule décharge – et, au contact d'une pièce, la main de squelette attrapait la pièce avec un ricanement sinistre.

Dans la voiture qui nous ramenait à la maison, Virgile s'était assoupi sur la banquette arrière. J'étais silencieuse, me posant mille et une questions sur ce tatouage qui surgissait du passé de mon père, comme si mon violeur avait jailli de sa tombe pour me tendre sa main de squelette. Quel était le lien entre mon père et le type sur la photo ? Je n'avais pas eu le temps de lui en parler et je n'étais pas sûre d'avoir envie de le faire. Pas tout de suite.

Vincent m'a pris la main sans quitter la route des yeux. Ce geste était sans doute la meilleure façon de me dire qu'il m'aimait, qu'il se faisait du souci pour moi, qu'il était triste de ne pas me voir pendant une semaine, qu'il me faisait confiance, que tout irait bien, parce qu'il était là, même loin. Il picorait de baisers la paume lacérée par le couteau paternel.

« Tu n'as pas mal ?

— Non…

— Tu ne dis jamais quand tu as mal.

— Sensation de civil. »

Vincent a tourné le volant avec dextérité pour bifurquer dans l'étroite rue Clemenceau.

« C'est des conneries tout ça. Arrête de parler comme ton père, Fine. Le vrai courage c'est d'être toi.

— Et tu sais qui je suis, toi ?

— Une fille formidable qui a beaucoup de chance d'avoir rencontré un type comme moi ! »

J'ai laissé ma main mourir dans la sienne. Il me fragilisait, me faisait douter. J'avais l'impression de faire fausse route, de m'enfoncer dans une forêt, sombre et hostile.

J'ai rangé Vincent, mes doutes, la photo et le tatouage dans le petit coffre-fort virtuel, à côté de la bibliothèque olfactive. Je devais me concentrer sur cette semaine de tests. J'en étais capable, je l'avais démontré, à quoi bon s'inventer des monstres, il fallait avancer.

J'ai posé ma joue sur son épaule et j'ai fermé les yeux. Je lui ferais la guerre une autre fois.

En couchant mon fils ce soir-là, je lui ai raconté ma rentrée des classes. Il a demandé à voir mon cartable. J'ai déballé mon sac à dos en toile verte imperméable sur son lit : quelques vêtements, du sopalin, du papier toilette, un deuxième treillis plié dans un sac-poubelle pour remplacer le premier lorsqu'il serait mouillé. « Si tu es trempé et fatigué, tu ne remplis pas ta mission et tu deviens une charge pour tes camarades. Il faut avoir dans son sac de quoi tenir vingt-quatre heures, c'est très important : une lampe, une boussole, un mètre de corde, un couteau, du gras pour les ampoules aux pieds, une couverture de survie, des chaufferettes, des barres de céréales, une gourde, des lunettes de soleil, un morceau de lard. » Le sac pesait dix-huit kilos. Virgile m'a conseillé de prendre une boîte de sardines, il avait raison.

« Maman, tu vas gagner !

— Comment tu sais ?

— Papa l'a dit. »

Les paroles de mon petit garçon m'ont fait du bien.

« C'est dangereux ta sortie ? Tu peux mourir ? »

J'ai expliqué à mon fils en le bordant que les mamans et les papas ne mouraient jamais, que Vincent et moi étions protégés, comme Virgile, par une étoile magique.

« Tu jures ?

— Je le jure.

— Sur ma tête ?

— Sur ta tête. »

Baba Lena, qui adorait jurer sur la tête de ses enfants pour tout et n'importe quoi, prétendait que ça leur donnait bonne mine.

« Maman ?

— Oui ?

— Je voudrais retourner dans ton ventre.

— D'accord.

— Avec mon doudou ? »

11

Le lundi matin, mon père m'a accompagnée au camp d'entraînement de Satory. Il s'est garé devant la maison à sept heures moins une. Il faisait encore nuit. J'ai embrassé Vincent, Virgile et Luisa sur le pas de la porte avec la fébrilité du soldat impatient d'en découdre. Avant de monter dans la Jeep, je me suis retournée. Ils étaient postés devant l'immeuble, Luisa triturant un mouchoir, Virgile dans les jambes de son père. Ils me faisaient des gestes d'adieu comme si je partais pour toujours. Un troupeau gris, une feuille morte sur le trottoir, des sourires de poussière, le bord des larmes et des mains qui s'agitent à hauteur des visages. Ça se passe ainsi à toutes les minutes de la vie. Ceux qui restent ont les yeux mouillés d'absence et de vague jalousie. Ceux qui partent ont toujours raison. Ils se jettent dans l'inconnu, défient l'oubli, on les suit du regard jusqu'au bout, sur les quais de gare, dans les ports, sur les pistes d'envol, au bord des chemins pour tenter de comprendre l'audace, attraper un bout d'évasion.

Le parcours en voiture m'a semblé à la fois long et

court. Tassée sur mon siège, les genoux remontés sous le menton, la tête appuyée à la vitre de la portière, j'entendais mon père passer les vitesses, mettre les phares en veilleuse, râler. Pour un type au volant d'une Golf GTI rouge qui tentait une demi-queue de poisson, pour un ado qui traversait la rue le nez dans son portable. J'étais bien. En route pour l'aventure, enfin, j'avais tellement attendu ce moment-là. J'ai tourné la tête pour observer les longues mains fines effleurer le volant, la manche de la chemise sable roulée sur son bras droit, la lumière rasante traverser le poil, long, aux reflets roux, la grosse montre d'aviateur qu'il ne quittait jamais. J'avais tellement de choses à lui dire. Merci d'avoir enterré ce type sous le terrain de foot, merci d'exister. Pardon de t'avoir obligé à faire ça. Nous étions semblables, deux êtres en équilibre, fêlés par un trop lourd secret. Ce que j'allais accomplir en rentrant au GIGN laverait toutes les offenses. Tout redeviendrait comme avant. J'étais incapable de mettre mes pensées en ordre de marche, d'exprimer quelque parole magique pour souder nos âmes déglinguées. Nous n'étions plus très loin de l'entrée du camp, le temps filait et ne reviendrait pas. Combien d'occasions ratées dans une vie pour se dire que l'on s'aime et que le reste n'a pas d'importance. J'aurais voulu trouver les mots pour ripoliner nos souvenirs avant de nous séparer, mais j'avais le cœur trop plein d'impatiences.

Sans mettre le clignotant, il a ralenti, a donné un coup de volant à droite pour garer la voiture sur le bas-côté. Il s'est tourné vers moi, bouleversé.

« Artan était mon ami. À l'époque, il trafiquait un peu

avec l'armée soviétique. Pas bon pour un musulman afghan. Il était recherché par un groupe de moudjahidines qui voulaient lui faire la peau comme "collabo" des Russes.

— Tu l'as caché et tu lui as sauvé la vie. »

Il ne fallait pas qu'il s'enfonce.

« Tu m'as déjà raconté. Allez démarre, on va être en retard. »

Mon père a serré le volant. Il a regardé au loin, les yeux brouillés :

« Nous nous sommes retrouvés vingt ans plus tard. Une mission qui a mal tourné. »

J'ai touché la manche de sa chemise, pas pour l'encourager, mais pour l'apaiser. Il a baissé la tête, son échine a ployé. Je n'ai pas pu m'empêcher de jeter un coup d'œil en biais sur la pendulette.

« Je l'ai trahi, Delphine. Il est mort à cause de moi. »

La dose de désespoir était si puissante que l'onde de choc m'a traversée. J'ai lutté pour ne pas être aspirée dans son histoire. Je n'avais pas envie d'entendre la suite, pas envie de voir mon père pleurer, pas envie d'arriver en retard. Cette matinée m'appartenait, pas question de me la faire voler. La pendulette indiquait sept heures quarante, le temps pressait. Il fallait le ramener à la surface.

« Pourquoi me raconter tout ça, maintenant ? »

Nous étions arrivés devant le portail du bâtiment militaire où une palanquée de jeunes gendarmes faisaient la queue. Je me suis penchée vers lui pour l'embrasser.

« Il faut que j'y aille. »

Il avait retrouvé son sang-froid.

« Delphine, ta vie commence aujourd'hui. Ne laisse pas les fantômes te dévorer, regarde devant toi, à côté de toi, le passé n'a pas d'importance. Souviens-toi que tant que l'on n'est pas mort, on est toujours vivant. Tu n'es coupable de rien et ce que j'ai fait ce soir-là, enterrer ce type, ce n'était rien pour moi, tu comprends ? »

Je ne l'écoutais déjà plus. Il a redémarré, je n'ai pas mentionné la photo.

III

III

1

Depuis quarante-huit heures, nous passions les tests à Mondésir, une ancienne base aérienne à côté d'Étampes transformée en camp d'entraînement militaire.

Par une belle matinée d'avril, debout sur le parapet du viaduc de Saclas, baudrier enfilé sur le treillis, je contemplais sereinement le ruisseau en contrebas. Je savais l'épreuve du pendulaire éliminatoire, une façon de repérer nos réactions face au vide, de voir si nous pouvions surmonter la peur. Je n'éprouvais aucune appréhension particulière.

Avant moi, deux candidats avaient jeté l'éponge. L'un d'eux, Ours-Marie, un gendarme de Bastia, petit, costaud, têtu, courageux, susceptible, élevé au gland et à la châtaigne. Trente-quatre ans, l'âge limite pour se présenter aux tests de sélection. La veille, il avait passé haut la main le parcours d'endurance, laissant sur le carreau des candidats plus balèzes que lui. Il en voulait, Ours-Marie. Deux ans de préparation, un mental de sanglier. Pourtant, ce matin-là, debout sur le pont, il n'a pas fait la maille. Il s'accrochait, tétanisé, au bras de l'instructeur qui l'encourageait : « Passe ta peur, regarde devant toi ! — Je ne peux pas… », répondait Ours-Marie d'une voix blanche. « Passe ta peur ! » insistait l'instructeur. « Non, disait-il, bouffé par le vertige, non, je ne le ferai pas. »

Alors, Ours-Marie était redescendu du parapet, mâchoire verrouillée, regard noyé. « Tu es venu, tu as tenté, c'est très respectable », lui avait dit l'instructeur. Autant lui offrir un aller simple pour le cimetière marin de Bonifacio.

Fin de parcours pour Ours-Marie. J'étais triste pour lui. En même temps, c'était un concurrent de moins.

Tout en attachant les mousquetons reliés à trente mètres de corde, les deux instructeurs ne m'épargnaient pas leurs vannes à deux balles. « On nous a refilé du matos pourri, on dirait ? Pas sûr que ça tienne le coup… »

J'étais sereine. Rien n'était laissé au hasard, les nœuds et les mousquetons étaient doublés, je le savais. J'ai quand même coulé un regard en biais vers l'adjudant. Son visage était impassible.

J'ai levé la tête vers le ciel et j'ai serré les fesses.

« Ça va aller Olberg, détends-toi, pense à autre chose. Tiens, raconte-nous une blague. »

J'en avais une bien fine dans mon répertoire.

« Comment appelle-t-on une pute qui ne fait pas de régime ? »

Ils se sont regardés, dubitatifs.

L'instructeur me croyait flippée alors que j'étais tout à fait tranquille. Il ne savait pas que dix ans auparavant j'étais dans la même posture qu'aujourd'hui. À la différence près qu'il y a dix ans, j'étais au bord du vide à la porte d'un Cessna, entre les jambes d'un instructeur que je ne connaissais pas, collé sur mon dos comme une araignée géante. Papa m'avait accompagnée à l'aérodrome de Brienne-le-Château pour mon premier saut en parachute. Il m'avait confiée à un ancien camarade de l'EPIGN, un grand type sec et baraqué, cheveux poivre et sel, yeux bleus ourlés de sillons blancs en étoile. En montant dans l'avion, j'étais très motivée, excitée par le défi que représentait ce baptême de l'air. Mes cousins Thomas et Julien avaient déjà sauté plusieurs fois, je voulais partager avec eux ce frisson de la chute libre, comprendre ce qui les rendait ivres de joie lorsque je les apercevais dans le jardin vérifier leur équipement, plier leurs voiles avec la délicatesse d'une dentellière, sous l'œil attentif de leur oncle.

Les dix minutes de vol pour atteindre les treize mille pieds furent les plus longues de mon existence. Assise entre les cuisses de mon instructeur, horriblement gênée par cette soudaine intimité, nécessaire pour la sécurité au saut en tandem, mais très embarrassante pour la jeune fille timide de quinze ans que j'étais alors. Je me souviens de sa gentillesse, il parlait tout le temps pour conjurer ma peur.

Je trouvais le parcours interminable et regrettais ma témérité, l'appréhension me tordait le ventre. J'envisageais sérieusement d'expliquer à ce type qui se donnait un mal fou à me vanter les beautés du paysage, que tout cela était une malheureuse erreur. Merci pour le tour de manège, mais finalement, je n'ai plus du tout envie de mourir, pardon : de sauter.

Seule l'image du père déçu et un reste de fierté m'avaient empêchée d'abandonner.

À l'ouverture de la porte, j'avais retrouvé mon calme. Tout était allé très vite. L'instructeur-araignée (je l'avais surnommé ainsi, car je ne voyais que ses bras velus s'agiter autour de moi) avait sauté dans le vide, m'entraînant avec lui. Aucun trou d'air, aucune sensation gerbiteuse des grands huit à la Foire du Trône, lorsque le petit train arrive en haut de la côte avant de prendre la descente à toute vitesse, noyant dans un ultime soubresaut cœur et estomac. À deux cents kilomètres heure, portés par un matelas d'air particulièrement douillet, toujours accrochée sous l'instructeur-araignée, j'avais pris le temps d'admirer le patchwork des champs surlignés par les taches fluos des carrés de colza ; je planais comme un oiseau ivre de liberté lorsque à mille cinq cents mètres, le rappel sec de l'ouverture du parachute dorsal m'avait propulsée en arrière, me ramenant à la réalité. Manœuvrant les doubles commandes, un coup à gauche sur les suspentes puis un coup à droite, j'avais suivi les instructions jusqu'à l'atterrissage. Mon père m'avait dit en rigolant qu'il y avait encore du boulot et qu'il m'apprendrait les bonnes techniques. J'avais surmonté ma peur, j'étais fière de moi.

Après la naissance de Virgile, Vincent m'avait convaincue de suivre une formation accélérée en chute libre. « Tu seras plus forte pour intégrer le GI. » Papa lui avait donné raison et la perspective de porter un jour le fameux voile sur l'écusson de mon uniforme m'avait galvanisée.

J'étais douée. Au bout d'une semaine, je savais ouvrir seule mon parachute après être passée dans toutes les positions, tête en bas, sur le dos, en boule. J'avais obtenu l'autorisation de sauter sur toutes les *drop zones* de France, rejoignant ainsi le club assez fermé des parachutistes confirmés, avec une précision d'atterrissage au centimètre près.

C'est au cours de l'une de ces séances de saut que j'avais rencontré mon cher Paulin, mon futur camarade à la CDOS, le roi de la filature, celui que j'allais retrouver aux tests du GI. Didier Paulin avait travaillé quelque temps dans la marine avant de bifurquer vers la gendarmerie, il avait le mal de mer. Paulin était ce que l'on appelle un chic type, avec l'accent du Midi, des mains et un cœur aussi larges que des raquettes de jokari.

Nous étions en novembre, il faisait très beau, nous passions le week-end avec Vincent et Virgile au mont Saint-Michel, un rêve pour sauter dans un paysage exceptionnel. Cadeau d'anniversaire de mon chéri. J'avais abandonné mes garçons pour la matinée.

Ce jour-là, Paulin avait failli mourir trois fois. Premier saut en ouverture commandée, torche splendide : les berges de la voile de son parachute, pleines d'électricité statique, sans doute à cause d'un mauvais stockage, ne s'étaient pas écartées. Son parachute ressemblait à un peuplier – ou à une flamme de bougie, d'où le nom – et sa descente avait été vertigineuse. Je l'avais vu ouvrir le ventral, tomber comme un caillou, sauvé par les quarante mètres carrés de toile qui avaient ralenti, in extremis, sa chute. Le parachute dorsal qui n'avait pas voulu s'ouvrir retombait lentement sur un Paulin ahuri, telle une méduse géante.

Les instructeurs l'avaient obligé à resauter immédiatement, cette fois-ci en ouvrant volontairement le ventral. Comme la descente était normale, donc déjà lente, il avait tiré la poignée en retenant la voile contre lui, puis l'avait jetée le plus loin possible dans le sens du vent.

Ce n'était pas son jour au Paulin. Il s'était retrouvé à contrevent, les suspentes plaquées entre les jambes. La voile s'était gonflée en passant dans son dos, il avait évité de peu l'arrachage des couilles. Elle lui était revenue en pleine figure pour s'entortiller autour de lui en se gonflant plus ou moins. J'avais cru ne jamais le revoir. Il était enroulé comme une momie, d'où l'expression « faire Fatma ». À l'arrivée, il n'avait pas vu le sol et n'avait pas anticipé le roulé-boulé. Je ne sais pas comment il s'en est sorti sans se péter les deux jambes. Il s'était pourtant relevé, titubant comme un poivrot, le sourire aux lèvres.

C'est lui qui avait demandé à faire un troisième saut et là, ce fut l'apothéose : la double coupole, une des suspentes passant au-dessus des autres dès l'ouverture du parachute. La voile s'était partagée en deux comme un énorme soutien-gorge, le frottage nylon contre nylon provoquant une élévation locale de température doublée d'un risque d'incendie. Paulin avait eu le bon réflexe de prendre son poignard avec lui. Il avait tranché la sangle et immédiatement actionné son ventral. Il avait appuyé les mains sur son casque pour montrer qu'il était toujours en vie et s'était posé sur le sol sous nos applaudissements.

Certes, il avait chié dans son froc, mais il était vivant.

J'enviais Paulin. Comme les hommes de ma famille, il semblait prendre un pied fabuleux à chacun de ses sauts. Chez moi, la peur puis l'appréhension s'étaient dissipées avec le temps. J'étais parfaitement à l'aise dans mon rôle de parachutiste brevetée B4, mais je ne ressentais plus rien d'excitant. Cela me rendait triste et me faisait douter de mes capacités à intégrer le GIGN. Le meurtre de cet homme m'avait enlevé toute forme d'allégresse. J'avais perdu le goût de l'aventure. J'en avais pourtant le souvenir et m'y accrochais comme à l'odeur des pull-overs de Baba Lena, soigneusement rangée dans ma bibliothèque olfactive.

Sauter en parachute était comme faire l'amour, une formalité, un passage obligatoire. J'abordais cette semaine de tests sans jubilation, mais avec la niaque. Une niaque d'enfer. J'avançais, coûte que coûte. J'évitais de me retourner pour ne pas voir mon chagrin, accroché comme un petit wagon bourré de larmes, aussi explosif que de la nitroglycérine.

« Alors ? On l'appelle comment la pute qui ne fait pas de régime ? m'a demandé l'instructeur.

— Une grosse pute. »

Je me suis élancée du pont pour attraper la cime des arbres après un discret mini signe de croix sur mes lèvres et une prière à Baba Lena. En ce début de printemps, peu d'arbres avaient retrouvé leur verdure. J'ai traversé un mille-feuille de senteurs végétales, à l'eucalyptus, à l'herbe fraîche, avec un zeste de pipi de chien, âcre, provenant des buis au pied du viaduc ; le silex des pierres froides chauffait le nylon de la corde qui me freinait à quelques mètres du sol. Le saut était franc, on m'a félicitée, je n'en ai retiré aucune fierté.

L'inaptitude au bonheur devait sûrement coûter des points, il faudrait surveiller ça.

2

Une nuit froide et brumeuse enveloppait les bâtiments de la base militaire de Mondésir. Le groupe était exténué mais toujours motivé. Couchés à même le sol en béton de ce hangar renommé le Sofitel, quelques bavardages fusaient encore, un pet allumait de petits rires gras, pas de doute nous étions bien dans un dortoir d'hommes. L'obscurité dégageait un relent de testostérone et de mouffette mexicaine.

Mon copain Paulin était allongé à côté de Jan, un camarade sur qui je pouvais compter. Un appui qui s'était révélé précieux dans nos exercices d'assauts lorsque j'étais placée en tête de colonne. Peu importait que Jan vienne d'une famille aristocrate mauricienne, le fait de porter un uniforme nous mettait sur un pied d'égalité. Cette solidarité entre nous, forgée par des valeurs militaires comme le respect du drapeau ou l'esprit de corps, faisait partie de nous.

MHK, dans mes onze heures, me faisait un signe de la main. MHK, alias Grégory Michalack, était le plus jeune d'entre nous. À vingt-cinq ans, ce tireur d'élite champion de krav-maga était lui aussi un sportif et un professionnel d'exception. Fils de forains, il avait traversé la France en tous sens et suivi une scolarité au rythme chaotique des tournées. Les entraînements du cirque lui avaient forgé une tonicité d'athlète en lui inculquant l'idée de toujours recommencer l'exercice raté. Devoir tous les soirs attirer le chaland lui avait appris une extraordinaire aptitude à l'empathie, au sourire, au contact avec ses semblables. Aucun milieu social ne l'effrayait, ses chefs le trouvaient sympathique, les clochards du métro lui parlaient sans méfiance. Il pouvait rapporter des prostituées des boulevards extérieurs les renseignements les mieux gardés. D'avoir assisté, pendant son enfance, à des numéros de cirque où le clown devenait acrobate, puis dresseur, puis prestidigitateur, avait développé chez lui un don exceptionnel pour le transformisme.

S'il était capable de se déguiser en flocon de neige pour le Noël des enfants de la caserne, c'est en filature qu'il était remarquable ; il lui était possible, en quelques secondes, sous un porche, ou dans les toilettes d'un McDo, de modifier sa physionomie, jusqu'à se grimer en femme de manière stupéfiante.

Lors de sa sélection pour les tests du GIGN, le psychiatre militaire avait détecté dans cette aptitude une immaturité structurée autour d'un défaut de construction du Moi.

Greg s'en foutait.

Près de la sortie, trois femmes étaient allongées autour de moi. Nous formions le groupe de gendarmes féminins, candidates aux tests d'entrée. À côté de moi, Sofia, vingt-huit ans, maréchal des logis-chef, alpiniste aguerrie. Elle bossait au peloton de gendarmerie de haute montagne de Chamonix. Française d'origine algérienne, ancienne sportive de haut niveau, Sofia était aussi championne de France de triathlon. Une rivale de taille avec son 1,80 m, ses cheveux très courts et son allure virile. Baba Lena, qui aimait bien dire des choses définitives, parfois dépourvues de sens comme « les femmes, c'est comme des boules de pétanque, il ne faut jamais les envoyer loin du cochonnet », m'avait un jour pointé deux types d'êtres humains : ceux qui jouent du piano et ceux qui les déménagent. Sofia faisait partie de la seconde espèce.

Élodie, blonde, native de Lisieux, gérait carrément sa vie en mode stress, mais quand elle disait ça, elle ne disait rien non plus. De base, elle avouait être d'accord sur tout, soulignait ses émotions de *c'est énorme*, sans faire la liaison. Enquêteur subaquatique à Nice, Élodie était entraînée à plonger dans des conditions extrêmes. Avec elle, tout était toujours sans souci, ce qui était finalement reposant.

Ghislaine, gendarme au régiment de cavalerie de la Garde républicaine à Paris, dégageait une odeur de paille fermentée et voulait sauver le monde en éradiquant les assassins d'enfants ; elle militait pour la sauvegarde des espèces en danger, avec un amour profond et définitif pour la baleine noire d'Atlantique-Nord.

Enroulée dans mon duvet, à même le sol en béton de cette immense pièce où nous étions entassés, je songeais à ces quelques jours passés, maelströms d'émotions. Côté performances, je tenais la route. J'avais réussi l'épreuve du pont, mais aussi les compétitions sportives sans trop de difficultés. Des faiblesses dans les bras à l'épreuve de la corde à quatre brins en escaladant une paroi me coûteraient sans doute tarif mais je ne pouvais rien y faire !

Sur le plan émotionnel, j'étais solide, confiante pour l'étape suivante. J'allais peut-être réussir là où mon père avait échoué, quel juste retour des choses !

Un rayon de lune a traversé un carreau de la fenêtre à meneaux. La caserne était au repos, mes camarades dormaient, certains ronflaient. Je me suis retournée en frissonnant, les joues roses de mon fils ont été la dernière image à me passer devant les yeux.

Ce soir-là, je me suis endormie comme un chien sur son cartable.

3

Grâce à mon parapluie, je suis rentrée chez mes parents par effraction.

À dix heures du matin, à l'issue de la semaine de tests, j'avais quitté mes camarades à la gare de Versailles. Sofia m'avait broyée dans une étreinte vigoureuse. Nous étions les seules femmes rescapées et partagions la même chambrée. Des liens d'amitié s'étaient créés. Jan m'avait baisé la main en claquant les talons de ses bottines de la Garde impeccablement cirées et Paulin, chaviré, avait lancé d'une voix éraillée par l'émotion un « Bon les gars, hop hop hop, on ne mollit pas, on s'entraîne, on revient encore plus forts ! ». Pour nous faire rire, Michalack avait fait la roue sur le parvis de la gare et chacun avait repris le chemin de sa vie.

Le cœur lourd, j'avais sauté dans le bus pour rentrer à Satory, à peine dix minutes de trajet. J'aurais pu le faire à pied, mais chaque parcelle de mon corps me faisait souffrir.

C'était une belle journée de printemps. Lorsque les portes du bus s'étaient ouvertes en chuintant, des émanations d'herbe fraîchement mouillée m'ont sauté aux narines.

Retour maison pour un mois.

En route vers les miens, telle une astronaute qui revient sur la terre après un long voyage dans l'espace, j'étais étrangère à ma propre vie. J'appréhendais les retrouvailles. Leur sollicitude, leur tendresse, leur amour, leurs questions bienveillantes. Virgile allait se pendre à mon cou, « Raconte, maman, raconte ». On me féliciterait, peut-être que papa sabrerait le champagne, Luisa cuisinerait ses fameuses lasagnes de veau, celles des jours de fête. Vincent, sur son trente et un, m'attendrait avec un bouquet de fleurs moches. Vincent, qui aimait me faire plaisir sans se ruiner, achetait des fleurs chez un Arabe à Versailles qui lui faisait le bouquet pas trop fané à huit euros, le juste prix selon mon amoureux. Des alstroeméries increvables, des chrysanthèmes délavés aux faux airs de dahlias ou, en saison, des tulipes un chouïa molles.

Comment pourraient-ils comprendre ce que j'avais vécu à Mondésir, ce que je devais encore accomplir avant de décrocher le brevet ? Comment leur expliquer que la seule chose dont j'avais besoin, c'était de dormir douze heures d'affilée ? Je parvenais, sans trop forcer, à me fabriquer une humeur massacrante. Oui, c'est ça, j'avais envie de les massacrer tous et de rentrer à Mondésir retrouver ma vraie famille.

Pendant mes absences, Vincent devenait ce que nous appelons dans notre jargon un célibataire géographique : un type tanqué dans une caserne attendant le retour de sa femme. Il faut être très amoureux pour vivre avec un soldat qui part et revient, on ne sait jamais quand. Pour ma première mission, j'avais été fébrile : tu penseras à moi ? Tu seras là quand je rentrerai ? Comment vas-tu faire avec le petit ? Et puis j'ai appris à partir, Vincent à rester. Il savait rendre mes départs plus faciles, la séparation plus légère, moins culpabilisante. On ne s'y fait jamais, on fait avec. Il y a des règles pour ne pas être malheureux sans l'autre, supporter les journées et les nuits de solitude, ne pas attendre que le téléphone sonne. Nous profitions de chaque retour pour retricoter une espèce de fil affectif, nous choisir chaque matin, deviner l'autre à travers ses silences, un geste inhabituel, une odeur nouvelle, réapprendre le langage secret des gens qui s'aiment. Rendre sa part du lit, ne plus ronfler, ne plus péter, partager l'espace exigu de la salle de bains, *faire à nouveau coutume,* comme on dit chez les militaires. Lorsque je partais en mission, nous marquions le terrain du silence par des signes, un alphabet sémaphore improvisé. Si j'envoyais un petit nuage de pluie par SMS, il me répondait par un soleil, des photos rigolotes de Virgile, une blague idiote, des mots d'amour. Tout était bon pour tromper l'absence.

Pendant cette semaine loin des miens, je n'avais pas donné beaucoup de nouvelles, encore moins précisé l'heure exacte de mon retour. Route des Docks, je ne suis pas descendue à la station Delpal comme j'aurais dû le faire pour rejoindre la rue Joseph-Fesch et retrouver notre appartement. Le bus avait dépassé les immeubles en meulière 1930 du quartier pour bifurquer vers le minuscule centre commercial, un carré de magasins avec le Franprix, une banque et une poste fermée depuis six mois. Le chauffeur africain avait laissé le terrain de foot des enfants sur sa droite. Je n'avais pas pu m'empêcher d'y jeter un regard anxieux. Soucieuse, j'étais descendue sans réfléchir à Guichard, à quelques encablures de chez mes parents, en plein territoire HLM. Libérée de mes obligations professionnelles, j'étais à nouveau hantée par le tatouage sur le bras de cet Afghan qu'avait fréquenté mon père, l'inconnu sur la photo. La coïncidence était trop forte, ce tatouage trop particulier. Mon père devait connaître le lien entre ce type et mon agresseur. S'il avait voulu, il m'en aurait déjà parlé, donc il me cachait quelque chose. J'avais bien tenté d'effectuer des recherches sur internet, mais je n'avais rien trouvé, ce qui avait décuplé ma curiosité.

Il n'y avait personne chez mes parents. Mue par un réflexe professionnel, j'ai sorti le parapluie de ma poche, petit instrument tubulaire qui ne me quittait jamais, comme le tire-bouchon ne quitte jamais la poche du sommelier. Ce parapluie-là ne protégeait pas des intempéries, mais il déverrouillait toutes les serrures du monde, dont celles des appartements de gendarmes, très faciles à crocheter, tant on se sait en sécurité à l'intérieur d'une enceinte militaire. Toutes les portes étaient équipées de simples serrures à goupille, un jeu d'enfant. J'ai glissé, à la manière d'une clé, la tige du parapluie dans la serrure, puis j'ai effectué des mouvements de rotation de droite à gauche et de gauche à droite, sans insister. La combinaison du barillet s'est imprimée sur les palpeurs de la tige du parapluie jusqu'au *clac* jubilatoire, la capitulation du mécanisme.

À douze ans, papa m'avait appris à crocheter comme une pro. « Delphine, il y a des choses essentielles à savoir dans la vie », avait-il dit en brandissant deux épingles à cheveux trouvées dans les affaires de Luisa. J'adorais retirer les embouts en plastique des épingles pour les mâchouiller. J'avais rapidement maîtrisé la technique : recourber le bout d'une épingle pour former un crochet en pliant l'autre extrémité en forme d'anneau pour avoir une meilleure prise. Avec l'autre épingle, former un L en angle droit, c'était elle qui remplaçait le côté plat de la clé. La première épingle aplatissait les goupilles de la serrure, la deuxième tournicotait le mécanisme et la partie était gagnée. C'était un exercice de coordination, comme se taper sur la tête d'une main et caresser son ventre en même temps. Je revois le regard satisfait de mon père lorsque j'étais parvenue à mes fins en moins de dix secondes. Pour ne pas perdre la main, j'enfermais régulièrement Luisa dans la cuisine, ce qui ne la faisait pas rire du tout.

Je suis rentrée dans l'appartement sur la pointe des pieds, mélange de déformation professionnelle et de vieux réflexe d'adolescente qui a dépassé le couvre-feu. Dans le boulot, je m'étais maintes fois introduite chez les autres en catimini. Retourner les tiroirs de culottes sans laisser de traces, placer un micro dans une ampoule, c'était mon quotidien. Mais là, dans le rôle de l'intruse chez mes propres parents, c'était une première. J'ai repensé à l'inconnu sur la photo et j'ai su pourquoi j'étais là : pour trouver des informations sur le passé de mon père, pour comprendre pourquoi le type sur la photo portait lui aussi ce fameux tatouage. J'ai chassé tout sentiment de culpabilité. Mon instinct me poussait vers le bureau paternel. À ma droite, des placards aux portes accordéons qui ne fermaient plus depuis longtemps abritaient les nappes et les torchons de Luisa. À gauche, une pièce fourre-tout dont on avait dégondé la porte laissait apercevoir la planche à repasser, l'aspirateur et un meuble en bois aux étagères apparentes, croulant sous la vaisselle dépareillée. La bonne odeur de cire masquait la mauvaise qualité du parquet, un coup de poing à travers les murs aurait suffi à les traverser. Il y a quelques années encore, l'armée accordait un peu de sous aux gendarmes qui emménageaient dans un logement pour redonner un coup de frais entre deux familles, mais aujourd'hui chacun se débrouillait avec ses propres moyens. J'avançais dans le couloir sur la pointe des pieds, devinant derrière la couche de peinture blanche qui recouvrait les murs le papier peint à losanges gaufrés du précédent locataire. Une aquarelle du port de Marseille, une affiche de corrida, une mosaïque de photos familiales rendaient le passage à peine plus gai.

J'ai laissé sur ma droite le double salon pour emprunter le couloir étroit qui desservait deux chambres, le bureau de mon père au fond à droite, l'atelier de Luisa à gauche. J'avançais au son du tic-tac de la pendule mécanique à poids du salon. Je disposais d'une demi-heure avant que Luisa ne rentre des courses. Devant la porte du bureau, j'ai hésité un instant puis j'ai respiré un grand coup avant d'entrer dans l'enceinte sacrée. Je renouais avec l'excitation de mon enfance, le plaisir coupable de profaner l'intimité des parents.

Une perquisition exige méthode et réflexion. Chez un truand, on cherche ce qui est caché. Ici, dans l'univers privé d'un homme qui n'a rien à se reprocher, ce que je cherchais devait être simplement rangé. J'ai choisi cette hypothèse pour me concentrer sur le bureau. Les tiroirs n'étaient pas fermés à clé, je les ai rapidement mais consciencieusement fouillés.

Mon père, en homme organisé, tenait une comptabilité méticuleuse sur ses dépenses. Il avait rangé dans une chemise transparente une facture Castorama, un ticket de caisse Franprix et d'autres reçus qui ne me paraissaient pas suspects.

Lorsque la porte d'entrée a claqué, j'avais trouvé ce que j'étais venue chercher.

4

Pour échapper à Luisa, je suis sortie par la fenêtre. J'ai dévalé la façade en m'agrippant le long du chéneau en zinc et j'ai déboulé dans un carré d'herbe en priant le ciel que personne ne m'ait vue. Les garçons du GIGN, toujours en quête de sensations fortes, escaladaient souvent les immeubles de Satory à titre d'exercice, je pourrais prétexter l'entraînement.

Merde. Mon sac militaire. Resté là-haut, posé dans l'entrée. J'ai avalé les marches de l'escalier et j'ai sonné. Luisa m'a ouvert, un tablier de cuisine noué autour de la taille affichant un portrait ridicule de la reine d'Angleterre avec le slogan *Who's the Boss*?

« Delphine, mon bébé ! »

Elle sentait l'Heure Bleue et la farine de sarrasin.

« Maman, tu es incorrigible, il faut fermer la porte à clé quand tu sors ! Telle mère, telle fille, hein ? »

J'ai jeté mon barda sur l'épaule.

« Je file, Vincent et Virgile m'attendent, mais je voulais d'abord passer t'embrasser. »

Je parlais vite pour l'empêcher d'en placer une. Elle a coincé son torchon dans la ceinture de son tablier.

« Ton père est à la prise d'armes de Drapier. Jean-Pierre ne l'estime pas beaucoup, mais il adore ces pince-fesses.

— Et toi tu les détestes. Je le verrai là-bas. Ciao Mamma. »

Place d'armes à Satory. Du beau monde pour l'investiture du nouveau commandant de compagnie, rangé en plein cagnard autour d'une cour carrée, selon un protocole solennel et déterminé à l'avance.

Les décorations, les bijoux des hommes, scintillaient sur les uniformes. Je me souviens d'un matin de panique où mon père, en grande tenue, avait stressé Luisa parce qu'il ne trouvait pas ses gants blancs ni les pins qui retiennent les rubans. Il était décoré de la Légion d'honneur, de l'ordre national du Mérite, la Croix de guerre des Théâtres d'opérations extérieures. Je m'étais moquée de lui, je prétendais que la seule décoration qui m'impressionnait était le Mérite agricole, le Poireau. Mais cela devait être très difficile à obtenir. Il avait souri en rajustant son épingle à cravate devant le miroir de la salle de bains.

Arrivée des autorités dans la cour, garde-à-vous sur l'air de la *Marche de la garde consulaire à Marengo.* Le colonel a passé les troupes en revue. Après la cérémonie, j'ai attendu que la foule se disperse pour approcher mon père, en discussion avec un camarade. Ce que j'avais découvert dans son bureau était tellement énorme qu'il me devait une explication. Je montais au feu pour affronter l'autorité paternelle, cela n'allait pas lui plaire. Braver mon père me terrorisait toujours ; je redoutais d'entendre les mots qu'il maniait comme un sabre, des mots blessants, des mots qui pouvaient me fendre en deux, me transformer en petite fille-crapaud. Alors que j'étais plutôt grande gueule et lui plutôt taiseux, je ne savais pas, dans ces moments-là, lui tenir tête tant il était redoutable. J'avais tout de suite envie de pleurer.

Il s'est dirigé vers moi, sourire aux lèvres. Hors de question de s'embrasser quand on porte l'uniforme. Il a effleuré mon épaule de sa main, un geste chaleureux. « Ma fille ! » a-t-il dit en se retournant vers Dupieux du Breuil, un lieutenant-colonel cyrard à la mèche bravache. « Elle a passé haut la main la première semaine des tests au GI ! » a fanfaronné mon père en frappant d'un revers viril le torse de son camarade. « Bah, tout ça pour finir au secrétariat ! » s'est esclaffé le lieutco en me faisant un clin d'œil complice alors qu'au fond de lui, il ne plaisantait pas du tout. Je n'aurais pas su dire s'il regrettait l'argent alloué à la gendarmerie pour mon stage, le temps perdu à Mondésir ou la place piquée à un homme. Sans doute un mélange des trois. Mon père a froncé les sourcils, stoppant net toute tentative d'insolence. « Quel con », a-t-il jeté entre ses dents, quand on s'est éloignés. Il était furieux. « J'aurais dû lui mettre mon poing dans la gueule. » Oui, tu aurais dû, mais tu ne l'as pas fait. Le devoir de réserve sûrement. J'ai rassemblé mon courage et lui ai fait face.

« Ça fait combien de temps que tu bosses à la DGSE ? »

Il s'est tourné vers moi, l'air peu aimable.

« De quoi parles-tu ?

— De ça. »

J'ai glissé dans sa main le ticket d'un restaurant boulevard Mortier trouvé dans sa comptabilité. Boulevard Mortier, le siège de la DGSE.

Il arborait maintenant le masque de l'impassibilité, mais la crispation de sa mâchoire montrait qu'il était sur la défensive.

« Maman est au courant ?

— Pas dans le détail des missions. »

Nous marchions en silence, à présent. Je devinais sa tension à la raideur de son pas.

« Tu fouilles dans mes affaires ?

— Je suis tombée dessus par hasard.

— Alors tu vois bien que je n'ai rien à cacher. »

Mon père, agent à la DGSE. Cela expliquerait ses absences inopinées. Quand et comment l'avaient-ils recruté ? Pour *tamponner* de nouvelles sources, les agents de la DGSE utilisent quatre leviers, réunis sous l'acronyme anglais MICE : *Money, Ideology, Compromise, Ego. Money,* c'est la corruption, une enveloppe glissée sur la table pour arrondir les fins de mois. *Ideology*, le patriotisme : « Vous êtes prêts à quoi pour sauver votre pays ? » *Compromise,* c'est la menace d'un chantage, une photo de la cible à poil avec sa maîtresse, par exemple. *Ego,* c'est l'ego, le levier le plus puissant d'entre tous : « Vous n'êtes pas reconnu à votre juste valeur dans votre entreprise, si vous bossez pour nous, vous allez vous éclater. » Ce devait être ce levier-là que les agents avaient choisi pour recruter Jean-Pierre Olberg. Quelque chose du genre : « Ils ne vous ont pas pris au GIGN ? C'est lamentable, un homme de votre qualité. Venez chez nous et vous verrez, vos missions seront bien plus bandantes que dans n'importe quelle unité du GIGN. Avec nous, vous serez vraiment utile à votre pays. » *Ideology*, *Ego.*

En approchant de son immeuble, il a tenté de changer de sujet. Il m'a redit à quel point il était fier de moi. Que nous allions mettre à profit ce mois qui me séparait du stage probatoire, qu'il allait faire de moi un avion de chasse. *Ego.*

Je lui ai tendu la photo.

« Qui est ce type qui porte le même tatouage que l'autre ? »

Il n'a pas jeté un regard sur l'image. J'ai cru qu'il allait me frapper. Ses yeux rivés aux miens avaient la couleur du plomb fondu.

« Il n'y a rien à raconter, Delphine. Dupieux du Breuil a raison dans le fond, même si tu obtiens le brevet, tu seras toujours dans l'ombre du Groupe à ramasser la merde des autres. Reste à ta place, prends la mesure de toi-même et laisse le passé sous le terrain de foot. Je ne te le demande pas, je l'exige, c'est un ordre ! »

Il a ouvert la porte de l'immeuble avec tellement de force qu'elle a rebondi sur le mur.

« Et ne fouille plus jamais dans mes affaires. »

Je n'ai pas pleuré.

5

Je suis rentrée à la maison à pied, envahie par des bouffées de colère électrisantes. Il m'avait congédiée comme une domestique.

J'ai reconnu au loin le rire rauque de mon petit garçon, un rire de vieux fumeur, moulé à la Gitane. Ma colère s'est envolée d'un coup, j'ai pressé le pas, tandis que les premiers bourgeons pâles du rosier Pierre de Ronsard, devant la fenêtre de notre cuisine, se dessinaient plus nettement.

C'est elle que j'ai aperçue en premier. Ses cheveux flambaient dans un rayon de soleil. Elle avait dû faire exprès de s'asseoir plein sud pour attraper la lumière, la garce. J'ai regardé mes pauvres mains, rêches, crevassées, aux ongles cassés et j'ai serré les poings, regrettant de ne pas avoir passé un peu plus de temps à redevenir une fille normale.

Virgile était assis sur les genoux de Nathalie, un sourire niais sur les lèvres, très concentré sur une mèche rousse qu'il transformait maladroitement en une petite natte dont elle se faisait une moustache qu'elle coinçait au-dessus de sa bouche. Face à eux, Vincent se balançait sur la chaise, une bière à la main, détendu, un air heureux, odieux, qui déversait dans mes veines l'adrénaline brûlante de la haine. J'ai traversé la rue, posé mon sac et, d'un bond, j'ai sauté la barrière du jardinet. Les rires ont cessé, la chaise de Vincent a fait *toc* en retrouvant ses appuis, ils étaient sidérés.

« On ne savait pas, tu aurais dû prévenir », m'a dit Vincent, embêté.

Je lui trouvais un air coupable. Je l'ai fermement écarté et me suis rapprochée de Nathalie pour lui régler son compte.

Elle a fait descendre Virgile de ses genoux.

« Déformation professionnelle ? Tu ne rentres plus par les portes maintenant ? »

Je l'ai attrapée sèchement par le bras.

« Dégage ! Tu dégages, maintenant ! »

Je hurlais. Vincent tentait de s'interposer, Virgile pleurait.

« Tu es trop méchante, maman ! »

Virgile voulait que je parte pour que Nathalie vienne habiter à la maison, parce que de toute façon je n'étais jamais là. Virgile ne m'impressionnait pas. Il valait mieux pour mon enfant une mère aventurière qu'une Véronique.

Je l'ai assis brutalement sur sa petite chaise, ça l'a stoppé net. « Cela m'est complètement égal que tu ne m'aimes plus, personne n'est obligé de s'aimer. Même dans une famille, les enfants peuvent choisir leurs parents et les parents leurs enfants. » Il voulait changer de maman ? Très bien, j'allais repartir dans mon école et qui sait, en chemin, peut-être trouverais-je un autre petit garçon beaucoup plus gentil que lui ? Il pleurait à présent. La victoire sur mon enfant, trop facilement obtenue, me faisait honte et me plaisait tout à la fois. À raconter aux psys du GIGN, ils apprécieraient.

La porte de l'appartement avait claqué sur Nathalie, bon vent. Vincent avait soulevé son fils qui sanglotait à petits bouillons pour s'enfermer dans la salle de bains.

Je suis restée plantée au milieu de ce champ de ruines, enfin apaisée.

Je me suis réconciliée avec la smala à peu de frais. Avec Virgile parce que les enfants pardonnent tout, et avec Vincent parce qu'il n'avait rien à se reprocher. Je le devinais même flatté par cette crise de jalousie, une preuve d'amour déguisée. Je me suis fait la réflexion qu'il m'était plus facile d'aimer un père distant et une grand-mère morte que Vincent ou Virgile à qui j'inventais bien des défauts, l'infidélité pour l'un, l'ingratitude pour l'autre.

Nathalie n'a pas offert davantage de résistance lorsque je lui ai présenté mes excuses. Car Vincent se trompait. Ce n'est pas mon mec que Nathalie convoitait, c'était l'amour de mon enfant. Elle s'était beaucoup, trop, attachée à Virgile pendant mes absences. Au lieu de m'accabler de reproches, elle a entrepris ma reconquête. Elle m'a invitée chez elle pour « dissiper ce malentendu », un appartement pas très éloigné de celui de Simone, en dehors du périmètre militaire. On aurait dit un appartement-témoin, tant la décoration était impersonnelle.

Chez Nathalie, tout était *nude*, du canapé aux tapis en passant par la table basse où elle a joliment disposé des verres, des cochonneries à grignoter et une bouteille d'Apérol. La vision de ses serviettes de bain me traversa l'esprit : sûrement marron foncé pour les changer moins souvent. Je me suis assise sur un pouf, beige, pleine de méfiance, mais indéchiffrable. Comme en infiltration.

Au deuxième spritz – Nathalie en buvait toute l'année –, je ne lui en voulais presque plus. Son imitation de Véronique tapant le scandale au Franprix parce qu'elle ne trouvait plus de papier cul à feuilles carrées avait achevé de me détendre.

« Pour calmer le jeu, me racontait-elle avec un air innocent en pointant vers moi le petit parasol coincé dans la rondelle d'orange, je lui ai suggéré de changer de dévidoir et d'adopter le rouleau. Parce que c'est vrai, ça devient introuvable !

— Bonne idée. »

J'attendais le *pay off* de la scène, car je savais, connaissant Nathalie, que l'anecdote avait sa chute.

« Mais ça ne lui a pas plu, elle s'est approchée de moi la bave aux lèvres, les mentons tremblants, tu as remarqué qu'elle en avait plusieurs ? "Mêlez-vous de vos affaires ma petite ! Je n'ai pas de leçon à recevoir d'une… d'une…"

— D'une quoi ?

— "D'une putain au ventre sec !" »

Je ne trouvais pas ça très gentil de la part de Véronique, mais Nathalie riait aux larmes. Mine de rien, elle venait de passer de manipulatrice à pauvre chose. Elle avait retourné la situation, j'étais triste pour elle. Quelle garce.

Lorsqu'elle m'a raccompagnée à la porte de chez elle, elle avait pris vingt ans. Des petits ruisseaux beiges creusaient ses joues, son mascara dégoulinait comme celui d'une vieille pute, sa bouche que le chagrin amincissait avait perdu toute volupté. J'éprouvais quelque chose qui s'apparentait à la pitié, mais ne l'ai pas montré.

« Je ne pourrai jamais avoir d'enfant, Delphine. Une salpingite mal soignée. C'est pour ça que je ne m'attache à aucun mec, je n'ai rien à construire dans une relation.

— Tu n'es pas la mère de Virgile.

— Je sais ! Mais tu peux bien me le prêter un peu ? J'adore ce petit garçon, avec lui pas besoin d'être quelqu'un d'autre, tout est simple. Si j'étais sa babysitter, tu le partagerais bien avec moi ? Il vaut mieux qu'il s'attache à moi qu'à Véronique ou Simone, non ? »

Elle n'avait pas tort, il faut accepter de partager l'amour d'un enfant avec des nounous, des maîtresses d'école, des Nathalie.

Alors, j'ai pardonné à Nathalie tout le mal que je lui avais fait.

6

Mon père avait très moyennement apprécié que je découvre ses activités au sein de la DGSE. Son silence était éloquent. Lorsque j'avais appelé à la maison sous prétexte de prendre des nouvelles, il était déjà parti. « Je ne sais pas quand il rentrera », avait dit Luisa, résignée. Je commençais à mieux cerner ma mère, cette femme de gendarme. Elle ne se plaignait jamais. Vigilante, elle montait la garde pendant les absences de mon père ; avec elle, les Indiens n'étaient pas prêts de rentrer dans le fort !

Le mois de juin était bien entamé, j'avais retrouvé ma vie d'avant à la CDOS avec mes camarades, les planques et les petites filatures. Comme j'étais sélectionnée pour la suite des tests GIGN début septembre, je bénéficiais d'un statut privilégié, j'étais AD perso, expression militaire signifiant *À Disposition de soi-même*, bref, libre de mon emploi du temps pour m'entraîner. Pour gamberger sur ces zones d'ombre dans le passé de mon père, qui, j'en avais la conviction, étaient la clé du mystère entourant la présence du jeune homme chez nous, six ans auparavant.

J'étais hantée par cette photo, l'histoire afghane était liée à la mienne, j'en avais la conviction. À moi de relier les pointillés entre eux.

Une petite visite à Olivier de Lavalette s'imposait. Olivier travaillait au pôle judiciaire de la gendarmerie, une section en charge du suivi des organisations criminelles, les mafias, les triades chinoises, les proxos albanais. Olivier s'occupait plus particulièrement du service Thanato. Son truc, c'était la peau, les stigmates, les armes à feu. Il aimait beaucoup les tatouages, lui-même en avait plusieurs, au grand dam de ses supérieurs qui, eux, n'aimaient pas ça du tout, le tatouage étant un élément d'identification dangereux pour le gendarme sur le terrain. Olivier était un scientifique, il pouvait passer des heures à s'émerveiller sur un ADN mitochondrial. Nous étions amis depuis la sixième, il m'aiderait.

Il m'attendait à la porte du labo, les mains enfoncées dans les poches de sa blouse blanche.

Il a fait un agrandissement de la photo du tatouage puis a fait mouliner sa base de données. Au bout d'un quart d'heure, il a trouvé quelque chose : « Un aigle à deux têtes, souligné d'une inscription en cyrillique сила, "Force" en russe. Ton tatouage appartient à d'anciens militaires russes qui ont basculé dans la criminalité organisée à la chute de l'URSS en 1989. Anciens Spetsnaz, ces troupes d'élite de l'Armée rouge se reconnaissaient à ce sigle militaire qu'ils portaient sur l'épaule gauche. » Je l'ai chaleureusement remercié et lui ai promis, sans trop y croire, de trouver enfin le temps de prendre un verre.

Le soldat afghan de la photo et mon agresseur appartenaient donc au même gang de mercenaires russes. Mon père avait forcément vu ce tatouage lorsqu'il avait roulé le cadavre du jeune homme dans la bâche avant de l'enterrer. Une histoire de barbouzes ? Impasse. Le malaise montait d'un cran.

J'ai retrouvé Vincent à la sortie de l'école, heureuse d'être là pour récupérer Virgile qui s'est jeté dans mes bras. Au loin, Véronique arrivait d'un pas stalinien. Pour l'éviter, j'ai proposé à mon fils de faire la course jusqu'à la maison. Nous nous sommes élancés tous les deux en riant, plantant là Vincent qui n'a pas pu échapper au dragon.

En approchant du centre commercial, j'ai ralenti. Un homme descendait d'une fourgonnette garée devant le mini-terrain de foot. Il accrochait une pancarte sur le grillage. Je me suis approchée, le cœur battant.

Sur la pancarte, était inscrite la date prochaine du début de travaux. Mon pouls s'est accéléré. J'ai interpellé l'homme qui remontait dans sa fourgonnette.

« C'est quoi ?

— Une infiltration dans la dalle de béton. Faut tout péter. »

Des images sont revenues, brèves, syncopées, sanglantes : une silhouette masculine, un cri, un coup de feu, l'odeur du sang, de la lavande, de la terre retournée. Virgile m'a tirée par la main, il avait faim. C'était l'heure du goûter. J'étais incapable de bouger. J'ai pris mon portable d'une main tremblante et j'ai composé un numéro. Un répondeur, une voix d'homme au bout du fil. J'ai articulé : « Il faut que tu viennes, c'est grave… le terrain de foot, ils vont tout retourner… »

Plus tard, allongée dans l'obscurité à côté de Vincent, j'ai ressassé les futures étapes de ma sinistre existence. À trois heures du matin, l'heure noire où les monstres du spleen s'en donnent à cœur joie, j'avais fait le tour de mon infortune : le corps du jeune homme allait ressurgir, la police remonterait jusqu'à nous, je ne rentrerais jamais au GIGN, Virgile grandirait loin de moi, Luisa vieillirait d'un coup, les copains auraient honte, je croupirais dans la cellule exiguë d'une prison délabrée de province sans résoudre l'énigme du tatouage, papa se suiciderait.

Ma vie était brisée. Dans un réflexe de survie, j'ai cherché la porte de sortie, mais ne l'ai pas trouvée. Je n'étais ni paniquée ni effrayée, un sentiment encore diffus qui ressemblait à du soulagement m'apportait une espèce de sérénité morbide. Soumise, l'échine en marchepied, prête à embrasser ma destinée aussi sombre fût-elle, je me suis levée avec l'idée d'en finir une fois pour toutes.

Je me suis habillée dans le noir. Dans le congélateur, j'ai attrapé la bouteille de vodka à l'herbe de bison. Assise bien droite sur le haut tabouret en skaï orange accolé au bar du coin cuisine, les doigts de pieds coincés entre les barreaux métalliques, je me suis soûlée. Avec méthode, vite, copieusement, ouvrant à fond les vannes du robinet russe. Dès que les fantômes ont fait marche arrière, je me suis levée pour aller regarder mon fils dormir. Vincent me manquait. J'ai refermé la porte avant de chialer.

Dans le garage attenant à l'immeuble, j'ai enfourché ma Suzuki enduro 125. Sans casque, je me suis enfoncée dans la nuit à travers les rues de Satory, silencieuses, peu éclairées. Pas un chat, le militaire se lève tôt et se couche tôt. La moto faisait des embardées d'un bord à l'autre de la route. J'ai aperçu la rubalise qui entourait le terrain de foot, fluorescente avec ses rayures rouges et blanches. J'ai mis les gaz, dirigeant malgré moi la roue avant de la moto vers un poteau fiché sur le trottoir. TRAVAUX – ZONE INTERDITE. La voix moqueuse de Blandine me chantait que c'était le dénouement inévitable de la série d'événements merdiques dans laquelle je m'étais fourvoyée. Un calme étrange m'enveloppait, doublé d'une perception en 3D de mon environnement : chaque brin d'herbe brillait d'un vert éclatant, le mica des trottoirs luisait comme après la pluie, leurs bords impeccablement ourlés attiraient mon œil gorgé d'alcool. Un sentiment de fin de monde me transportait, sans me faire dévier. Le tempo s'est accéléré, la moto a percuté le poteau métallique du trottoir à cinquante mètres du terrain de foot. L'engin a rebondi en arrière avant de se coucher sur le côté, couinant comme un cheval blessé. J'ai été projetée en l'air, une douleur lancinante à la hanche. À travers mes larmes, j'ai aperçu une femme qui m'observait à la lisière du terrain de foot. Je suis parvenue à me remettre sur pied et j'ai couru en zigzaguant sur le trottoir. Le moteur de la moto s'est arrêté, la roue arrière a continué de tourner à vide. Je suis tombée dans les pommes, face contre terre.

7

Le regard haineux et triomphant de Simone posé sur moi chaque fois que j'ouvrais les yeux ravivait ma nausée. Sous le néon de la cuisine, ses yeux étaient deux billes de caoutchouc noir enfoncées dans sa chair, marqués par des cernes concentriques. Une vieille poupée diabolique. Je me suis forcée à la regarder. La mince volute de la Gitane sans filtre fichée au coin de ses lèvres se tordait devant sa figure que la fumée faisait grimacer d'un côté. En plein jour, son visage me semblait plus répugnant qu'à l'accoutumée. La poussière d'un duvet gris recouvrait la peau de ses joues, d'une pâleur terreuse, cadavérique. Elle n'avait pas de menton, son ovale coulait comme celui d'une chandelle de mauvaise qualité après un repas de fête. Son cou était dissimulé par un boudin de chair qu'un faux foulard Hermès couvrait à peine. Elle sentait le vieux renard mort et empaillé.

Sans rire ni sourire, la voix acide, le geste sec, Simone, personne autoritaire et velue, me terrorisait depuis toujours. Quel réconfort attendre de quelqu'un qui ne s'assoit jamais complètement, un minimum de fesses au bord des chaises, qui n'aime que ce qui est dépourvu de générosité, l'eau du robinet et les chaussures Méphisto, les gavottes et les principes ? De quelqu'un dont le comportement le plus familier consiste à passer un doigt sur les choses pour contrôler leur propreté et qui n'ose se livrer à la même enquête sur les gens, mais dont le regard en dit long ?

J'ai refermé les yeux. Il m'a semblé que nous étions restées ainsi longtemps, elle à demi posée sur un tabouret, moi, allongée à même le sol de la cuisine sur une couverture militaire en laine grattée.

La clope au bec, Simone s'est levée et je l'ai vue trottiner jusqu'à l'évier pour remplir un verre d'eau, revenir à la même allure et me le tendre.

« Bois. Tu as beaucoup vomi. Ça dessèche. »

J'ai essayé de me relever, mais une fanfare de trompettistes serbes nichée dans ma boîte crânienne m'a fait retomber sur mon lit de fortune. J'ai bu avec la sensation que la seule chose que je désirais était de boire encore.

« Quand on décide de mourir, on ne se rate pas, m'a dit Simone en se rasseyant. Ça n'a rien dans le bide et ça veut rentrer au GIGN. Ah ! »

Je suis parvenue à me redresser, j'ai évalué mon environnement : qu'est-ce que je foutais chez Simone ? La dernière chose dont je me souvenais était d'avoir percuté un poteau. La vieille était costaude, mais n'avait pas pu me transporter jusque chez elle. Elle semblait deviner mes pensées.

« J'ai appelé ton père. Il est venu et t'a déposée chez moi. Comme tu dégueulais ta vodka, on t'a installée dans la cuisine. Tu as dormi neuf heures d'affilée. Il est onze heures du matin. Vincent est prévenu, il a emmené Virgile à l'école et ton père est parti travailler. Pour te la faire courte, j'aimerais bien aller au marché et que tu te barres de chez moi, Rex a besoin de sa promenade. »

À son nom, le vieux caniche noir s'est matérialisé, ses vieilles pattes bouclées tremblotantes sur le pas de la porte.

« Couché ! » a hurlé Simone.

Le chien a baissé le museau, fait demi-tour, ses griffes cliquetant sur le carrelage ; il s'est recouché dans un soupir résigné.

Mon père était donc revenu. Avait sans doute planté sa mission lorsque je l'avais appelé au secours. Cette pensée m'a réconfortée.

J'ai demandé à Simone, plongée dans la lecture du *Parisien*, si elle aurait l'amabilité de me faire un café ; elle m'a indiqué d'un coup de menton la vieille machine SEB posée sur le plan de travail.

« Au-dessus de ta tête », a-t-elle ajouté d'une voix gavée, le regard en coin. J'ai sorti une boîte en fer-blanc oblongue avec un motif écossais, à coup sûr la boîte à café que la famille de Simone gardait depuis plusieurs générations sans oser la balancer. À l'intérieur, un paquet de Carte Noire et une dosette. J'ai plié un filtre sur deux côtés comme Luisa me l'avait appris et me suis préparé un caoua bien serré.

« Je vous sers ?

— Pas dans la journée. »

Nous n'avons plus échangé un mot. Le liquide brûlant

reconnectait peu à peu mes neurones. Pour autant, je ne savais pas quel pied mettre devant l'autre.

« Ah ! Ils vont forcément tomber sur le corps en creusant sous la dalle », dit la vieille sans lever le nez de son journal.

J'ai lâché ma tasse de café qui a explosé sur le carrelage.

« Oh merde ! a dit Simone franchement contrariée, je tenais beaucoup à cette tasse ! C'est André, mon premier mari qui me l'avait rapportée de La Roche-sur-Yon. »

J'ai cherché un balai pour réparer ma bêtise tout en réfléchissant aussi vite que mon cerveau encore embrumé par l'alcool me le permettait. Comment savait-elle ?

« Allez, donne-moi ça, a-t-elle dit excédée en m'arrachant presque le balai des mains. Quelle potiche ! »

J'ai agrippé son poignet et l'ai obligée à s'asseoir.

« Vous avez dit quoi, là ?

— J'ai tout vu. »

J'étais anéantie.

Elle m'a raconté comment ce soir-là, en promenant Rex dans ce qui à l'époque n'était qu'une friche, elle avait vu la voiture de mon père approcher du futur mini-terrain de foot, tous phares éteints. Elle était là, tapie dans l'ombre d'un fourré lorsqu'il avait sorti du coffre le corps emballé dans un tapis, puis la pelle. Elle l'avait observé creuser la tombe, mais il l'avait repérée à cause de ce crétin de Rex qui avait lâché un gros pet dans la nuit.

Je l'écoutais, fascinée.

« Et alors, que s'est-il passé ?

— Je lui ai donné un coup de main. Je sais y faire. »

Et Simone m'a raconté comment elle avait zigouillé ses deux maris, André et Jean-Philippe.

Elle a pris ma main dans ses menottes de poupée. À ma grande surprise, celles-ci étaient chaudes et douces.

« André m'emmerdait et Jean-Philippe m'ennuyait. Je les ai supprimés, voilà tout. »

Simone commençait à me plaire. Je lui ai demandé comment elle s'y était prise.

« C'est très simple, a-t-elle dit sur le ton de la recette du pâté de lapin. Tu as un bon boucher ? »

J'ai fait oui de la tête. Elle a écarté deux doigts en forme de pince.

« Tu prends deux escalopes de veau bien épaisses. Tu les suspends à un crochet dans la cave. Tu as une cave ? Bien. Sous la viande suspendue, tu places un bol et tu oublies les escalopes pendant quelque temps.

— Combien de temps ? »

Sa lèvre inférieure glissait en avant dans une moue dubitative.

« Oh, je ne sais pas, tu vois à l'odeur ? Peut-être un mois, un mois et demi ? Après, tu recueilles le jus tombé dans le bol et devine quoi ? »

Je ne savais pas.

« C'est bourré de staphylocoques dorés !! »

Elle a ri aux larmes et, la fatigue aidant, j'ai ri avec elle, à m'en faire péter les abdominaux.

« Après, il n'y a plus qu'à mélanger un peu de ce jus divin dans un yaourt et à administrer le poison. Il faut prendre son temps, hein, a-t-elle ajouté, sinon ça peut se voir dans les analyses sanguines. Bref, André est mort très naturellement – c'est mon côté bio – d'une endocardite, une inflammation du cœur. »

J'étais sous le charme.

« Et pour Jean-Philippe ? Le père de votre fils Thierry, non ?

— Tout à fait. Pour lui, c'était encore plus simple : une bonne dose de somnifères et lorsqu'il a commencé à dodeliner au volant de la caravane, on s'est arrêtés au bord d'un chemin avec une vue splendide sur le Puy Marie. J'ai coincé un bâton sur l'accélérateur et j'ai poussé la voiture dans le ravin.

— Vous avez touché l'assurance ? »

Ma remarque l'avait sincèrement choquée.

« Il y a des choses qu'on n'en rit pas, Delphine. L'argent n'a jamais été un mobile. Il faut pouvoir se regarder dans la glace. Bon, revenons à nos moutons. Tu faisais quoi sur ce terrain de foot, bourrée comme une Polonaise ? »

Je lui ai tout déballé. Le viol, le meurtre du type, l'intervention de mon père, la peur de ne pas être acceptée au GIGN, la culpabilité, mon fils qui en aimait une autre, ma VDM.

« Tu vois, ma petite Delphine », m'a-t-elle dit et c'était la première fois que son regard était bienveillant. « Tu vois, il y a en chacun de nous une part d'ombre à embrasser. Il faut que tu apprennes à embrasser la tienne. »

8

En sortant de chez Simone, j'ai entamé le *walk of shame*, pour reprendre une expression de Nathalie. Le *walk of shame*, la marche de la honte, ces filles que l'on croise au petit matin, vêtues d'une petite robe noire, sexy hier au soir, grotesque dans la lumière du jour, les chevilles tordues dans des escarpins trop hauts, le mascara plus très frais, laissant dans leur sillage un relent de stupre, de sperme et de mauvais champagne.

Vêtue de mon uniforme sale et déchiré, j'ai rasé les murs. Heureusement, je n'ai croisé personne. J'ai pris une longue douche brûlante, enfilé le jean taille basse qui me faisait de jolies fesses, un col roulé noir. Ma décision était prise : Simone avait raison, il était temps de convoquer les fantômes, à commencer par celui de la photo. Il était une clé importante de l'énigme qui me liait à mon agresseur, j'en avais l'intime conviction.

J'ai retrouvé mon père dans la forêt de Meudon, au lieu-dit « la Mare aux canards », sur le chemin sans issue qui menait au trail de randonnée.

Il m'attendait, en tenue de jogging noire. Je ne l'avais

pas revu depuis qu'il m'avait interdit de fouiller dans ses affaires. Il s'est dirigé vers ma voiture, m'a tendu la main pour m'aider à sortir, je l'ai trouvé calme, prévenant. Moi aussi, j'étais calme. Ça n'a pas duré. Nous avons commencé en petites foulées, pour nous échauffer, plus mentalement que physiquement. Quelques jeunes couples promenaient leurs marmots.

« Ne t'inquiète pas, dit-il enfin. La police ne trouvera rien.

— Et la balle ? Ils peuvent identifier l'arme, non ?

— Jamais déclarée. Souvenir d'une mission au Liban. Ils ne peuvent pas remonter jusqu'à nous. »

Magnifique. Il avait tout prévu.

« Je te repose la question, papa : qui est cet Afghan sur la photo, avec le tatouage Force ?

— Secret défense. »

De rage, j'ai buté sur un caillou. Je me suis arrêtée pour refaire le lacet de ma basket. Il transpirait légèrement, soufflant par la bouche pour ne pas perdre le rythme. Pas évident de faire craquer un colonel de gendarmerie, agent de la DGSE. Un fusil à un coup, je devais viser juste.

« Ok. Je vais voir les flics.

— Ne fais pas ça, Delphine.

— Ne t'inquiète pas, je ne mouillerai pas ta précieuse réputation. »

Il savait que j'en étais capable. Et c'est ainsi qu'au cours d'une banale séance de jogging dans la forêt de Meudon, il m'a tout raconté. Enfin, presque tout.

En septembre 1989, deux ans avant ma naissance et au

début de la deuxième phase de la guerre d'Afghanistan, le lieutenant Olberg avait été envoyé à Kaboul en mission d'observation, il avait vingt-trois ans.

« Pourquoi là-bas ? Tu sortais à peine de l'école de Melun !

— Je venais de m'installer à Satory avec ta mère. Je suppose qu'ils n'avaient que moi sous la main, j'étais bien noté et surtout, j'étais russophone. »

Cette qualification avait incité l'armée à l'envoyer en mission d'observation auprès de l'ambassade de France à Kaboul, pour informer Paris sur les conditions dans lesquelles se déroulaient les dernières opérations de retrait de l'Armée rouge. Les Soviétiques laissaient derrière eux un régime communiste afghan allié qui avait continué à se battre contre les moudjahidines jusqu'en 1992.

On lui avait collé un interprète en langue dari, un dialecte persan. Artan.

« À un an près, on avait le même âge. Artan adorait la France, il avait appris notre langue au lycée et dans les livres de Romain Gary. C'était un Tarjuman, un interprète, natif du Panshir, une province à l'est du pays. Tu sais, l'armée française aura recours à des centaines d'interprètes afghans quand elle se déploiera en Afghanistan après 2001, et surtout après 2007, quand elle participera aux combats contre les talibans. Ils nous étaient indispensables, ils étaient nos frères d'armes ; une dizaine d'entre eux, comme Artan, y ont laissé leur peau. Artan était bien plus qu'un traducteur. Il rejetait l'intégrisme religieux, déjà prôné par une grande partie de la rébellion afghane contre les Soviétiques. Il s'est engagé à nos côtés pour libérer son pays fin 2001 et plus tard pour les empêcher de revenir. Il a vraiment mouillé sa chemise. »

La côte devant nous s'annonçait raide, nous l'avons grimpée en silence, réglant notre souffle sur celui de nos pas.

« Nous sommes devenus très proches, reprit-il. Début 90, un an avant ta naissance, à Jalalabad, près de la frontière entre l'Afghanistan et le Pakistan, le groupe terroriste Hezb-e-Islami de Gulbuddin Hekmatyar nous a capturés, une semaine entière. Artan a été d'une solidarité sans faille et je lui dois clairement notre libération, il était très débrouillard, un négociateur exceptionnel. J'ai eu l'occasion de payer ma dette quelques mois plus tard. Il trafiquait un peu avec l'armée soviétique. Après le départ des Russes, sa tête avait été mise à prix par des Afghans qui voulaient lui faire la peau comme collabo. Je l'ai caché le temps qu'il se fasse oublier.

— Ta hiérarchie savait ?

— Bien sûr que non. À mon retour en France, nous avons continué à correspondre, j'avais des nouvelles de temps en temps.

— Tu es reparti là-bas en 2009, je m'en souviens parce que tu n'étais pas là pour fêter mes dix-huit ans.

— C'est un reproche ?

— Non, un repère dans le temps.

— Cette année-là, deux journalistes français ont été enlevés en Afghanistan, Stéphane Taponier et Hervé Ghesquière.

— Ça me dit vaguement quelque chose. Tu t'es porté volontaire pour y aller ?

— Non. C'est la DGSE qui m'a envoyé là-bas, sous la couverture de chef de la police militaire de la FIAS[1]. Ma véritable mission était de négocier, grâce aux relais organisés par Artan, la libération des otages. Nous sommes parvenus à les localiser et nous avons mis sur pied une opération d'enlèvement menée par d'anciens militaires russes, avec lesquels il m'avait mis en contact.

— Les Spetsnaz ? Ceux qui ont le même tatouage militaire que le type que j'ai tué ? »

Mon père m'a regardée, sidéré.

« J'ai fait ma petite enquête.

— Alors tu dois savoir qu'au fil des années, par le recrutement de jeunes Afghans désœuvrés, ces anciens militaires russes avaient mis en place une organisation de plusieurs centaines d'hommes, le groupe Force.

— Une espèce de milice ?

— C'est ça. Ils ont fait appel à ces Afghans, pressés d'en finir avec les islamistes. Pour être acceptés dans le groupe, les postulants devaient, par la réalisation d'un acte criminel qui leur était commandé, porter un tatouage qu'on leur faisait sur l'épaule gauche, comme signe de leur nouvelle appartenance au gang. Pour répondre à ta question, le type sur la photo avec Artan et moi, c'était leur chef, un mollah opportuniste qui n'a eu de cesse de retourner sa veste, s'alliant au plus offrant, en Afghanistan, et plus tard en France, pour trahir son pays. Un grand classique là-bas. Bref, pour les besoins de notre opération, Artan avait recruté une demi-douzaine de ces

1. Force internationale d'assistance à la sécurité.

hommes de main. Des gamins pour la plupart, dont son fils Zubair. »

Je sentais le froid me prendre les pieds.

« Ma pauvre chérie, m'a-t-il dit. Lorsque tu ramperas dans des étangs glacés ou que tu attendras la nuit entière au fond d'un tonneau avant une intervention, tu ne te demanderas pas si tu as froid ou chaud. Allez, encore une heure de fractionné, ça te réchauffera. »

Et nous sommes repartis en petite foulée, mon père gueulant parce que je démarrais trop vite.

« Alors que tout était prêt pour libérer les deux otages, a-t-il poursuivi, un conseiller du Quai a brutalement interrompu l'opération, jugée trop risquée. Il redoutait l'échec de la mission, la mort des otages et des complications diplomatiques. Et la mission a tourné au fiasco. Probablement à la suite d'une dénonciation, sans doute le mollah qui voulait se mettre bien avec le gouvernement afghan. Le groupe criminel Force a été arrêté, les membres du commando fusillés, à l'exception de quelques-uns. Les survivants ont pensé qu'Artan et moi les avions trahis. »

Mon père était parvenu à se faire exfiltrer en urgence vers la France sans obtenir un visa pour rapatrier son ami dont la vie était en grand danger.

« Qu'est devenu Artan quand tu es rentré en France ? »

Il s'est arrêté de courir.

« Artan était une bête traquée par ses anciens camarades et par les talibans qui voulaient sa peau de dissident. Il croyait naïvement que la France le protégerait. Mais le gouvernement français se foutait du sort des

Tarjuman ; ils les ont laissés tomber comme des merdes. Quand je suis parti, Artan a été poursuivi, menacé. Il s'est caché dans les montagnes, sans pouvoir chercher du travail de peur d'être repéré. Sa situation s'est tellement dégradée qu'il a été obligé de demander de l'argent à sa famille, jusqu'à vendre l'or et les bijoux de sa femme. Il vivait comme un paria, dans des conditions extrêmement précaires et dangereuses.

« Un clandé dans son propre pays. »

Mon père a hoché la tête. Il endossait avec difficulté ce déshonneur de l'État français.

« Pourquoi la France ne lui a pas donné un visa ? »

Il a eu un sourire désabusé.

« À Paris, chaque ministère se refilait la patate chaude, ça a duré des années, les passeports des Tarjuman, dont celui d'Artan, s'entassaient dans un coin des bureaux de l'ambassade pour finalement tomber dans l'oubli. Et puis, mais garde ça pour toi, je pense que le ministère des Armées n'avait pas du tout envie de créer une jurisprudence qui aurait obligé l'État français à protéger ses interprètes sur d'autres conflits. »

Nous venions d'arriver à un croisement de chemins dans la forêt où nous avons fait une halte pour nous étirer.

« Il est mort comment ?

— Les talibans l'ont retrouvé. Ils lui ont collé une balle dans la tête, sous les yeux de son fils Zubair.

— Quel rapport avec ce type qui a débarqué à la maison un an plus tard ? Un membre du gang, d'accord, mais pourquoi est-il venu chez nous ? »

Mon père regardait ses baskets, embarrassé.

« Ce jeune homme, c'était Zubair, le fils d'Artan. Il était persuadé que j'étais responsable de la mort de son père, les talibans lui avaient bien fourré ça dans le crâne. Il s'est introduit clandestinement sur le territoire pour me tuer, je n'étais pas à la maison ce soir-là, c'est sur toi que sa vengeance s'est accomplie. »

Le froid que je ressentais à présent n'avait rien à voir avec le temps, c'était un froid intérieur, une montée d'angoisse. J'ai étiré mes mollets sur une bille de bois.

« Comment te dire, papa. Pendant six ans, j'ai cru que tout ce qui était arrivé était de ma faute. Que j'avais dû manquer de prudence, que me balader à poil dans la maison avait peut-être excité ce type. »

Il ne disait rien, ça m'a rendue dingue.

« Ça n'aurait pas dû se passer comme ça ! Nous aurions dû rendre compte, plaider la légitime défense ! J'aurais vu un psy. Au lieu de ça, je me trimballe ce paquet de merde depuis des années. Pourquoi ne m'as-tu rien dit ? Tu ne pouvais pas me faire confiance ? »

Il s'est embourbé dans des explications foireuses. Il avait cru bien faire. Il pensait qu'avec le temps, je passerais à autre chose, qu'un agresseur anonyme était plus facile à oublier que le fils du meilleur ami de son père.

« Mais il était venu pour te tuer, papa, le fils de ton meilleur ami !! Ce type était un assassin ! »

On s'est regardés comme deux éléphants dans un corridor.

Dans le brouillard, j'ai entendu la voix de Blandine : « Il ne te dit pas toute la vérité… » Pour une fois, elle n'avait pas tort : pourquoi, alors qu'il s'y était toujours opposé, avait-il, ce soir-là, autant insisté pour que je rentre au GIGN ?

« Pourquoi le GIGN ?

— Pour te protéger.

— Mais de quoi ? »

Il a repris son air secret défense. Il ne pouvait pas s'en sortir comme ça.

« Écoute, papa. J'ai besoin de comprendre, que tu me parles. Je voudrais renouer avec le cours de ma vie, sur des bases saines, tu comprends ? Avec un peu de chance, la légitime défense jouera en ma faveur et j'arrêterai de mentir à tout le monde. »

Il a incliné la tête, avec un petit sourire désolé aux lèvres.

« Viens », dit-il en ouvrant ses bras.

Je me suis réfugiée dans son étreinte, chaude et pleine de lavande musquée. Il me tenait trop fort contre lui, c'était presque inquiétant. Il parlait d'une voix douce.

« Si tu fais ça, Zubair sera identifié, les talibans penseront que j'ai tué le fils d'Artan, ils se vengeront. Si tu ne dis rien, c'est juste un mec mort dans un squat. Maintenant, tu fais comme tu veux. »

9

Effectivement, le squelette exhumé par les ouvriers du chantier n'avait pas permis l'identification de Zubair Hukumat. L'affaire avait mis en émoi la petite communauté de Satory, mais la pression était retombée. En France, chaque année, une centaine de cadavres anonymes sont découverts. Celui de Zubair, enterré sous X, rejoindrait le carré des indigents au cimetière des Gonards. Curieusement, cela me faisait de la peine, sans doute parce qu'il était le fils du meilleur ami de mon père et qu'avec le temps, ma douleur s'effaçait, ne restaient que les yeux très bleus d'un jeune mec paumé. Je n'aurais pas voulu finir comme lui.

Personne n'était venu chercher Zubair et, malgré ces interrogations, le rêve du GIGN avait repris tout son sens. Simone avait raison, il suffisait d'endosser l'habit de criminelle et d'enfiler ma tenue de soldat par-dessus. Je lui avais demandé pourquoi elle ne m'avait pas balancée aux flics. Elle m'avait répondu que mon père avait été très gentil avec elle lorsqu'elle s'était retrouvée veuve pour la seconde fois, que c'était grâce à lui si elle avait pu garder son appartement qu'elle aurait dû quitter à la mort de son mari. Et puis la dénonciation ce n'était pas son truc. Enfin, elle m'avait dit que, m'ayant avoué les meurtres de ses deux maris, nous faisions un peu partie du même club, que l'on se tenait en quelque sorte par la barbichette !

Le lendemain je repartirais pour Mondésir, mais auparavant, j'avais à cœur de rétablir la douceur tranquille de nos habitudes, de laisser derrière moi un foyer intact.

À la sortie de l'école, j'ai emmené Virgile faire une visite surprise à Vincent à la piscine de Satory, rue de la Martinière, où il s'entraînait pour un championnat de natation.

J'ai retrouvé avec plaisir cet ancien bassin militaire de vingt-cinq mètres, très lumineux avec ses baies vitrées et son odeur de chlore chaud. J'ai salué quelques gendarmes amis et nous nous sommes assis au milieu des gradins pour regarder Vincent nager, longueur après longueur. Il s'entraînait pour le 200 mètres papillon, une des nages les plus techniques. J'ai confié le chrono à Virgile en lui expliquant que son papa devait faire moins de deux minutes » pour se qualifier. Vincent fendait l'eau de ses bras puissants. Ni le moule-bite qui lui servait de maillot ni le bonnet noir en latex n'altéraient à mes yeux l'image splendide de cet athlète en plein effort. J'enviais l'insouciance de Vincent. Au fil du temps, à force de mentir, j'avais cultivé une forme de mort à soi, à l'autre. Les impostures que j'avais installées, pare-feu minables jetés entre crime et vérité, culpabilité et jouissance, obscurité et lumière, m'étaient devenues insupportables.

Sans le savoir, Vincent les incarnait toutes, simplement parce qu'il m'aimait sans savoir qui j'étais vraiment. Au fond, je lui en voulais de ne pas m'avoir devinée et cette rancune formait un écran entre nous.

Un léger courant d'air printanier traversait l'espace, j'ai frissonné. Je pensais à la dramatique séance de tir de la veille.

Verdier avait obtenu, privilège insensé, que je puisse m'entraîner au tir dans l'immeuble du GIGN, à Satory. Après avoir récupéré sous mon lit l'une de mes armes de collection, un Luger Parabellum semi-automatique et une boîte de cartouches, je m'étais rendue au Bunker sous une pluie battante. En traversant le hangar des véhicules, j'avais contourné un Sherpa à peine rentré de mission, la boue encore encroûtée dans les sillons de ses immenses pneus. C'est ce véhicule d'assaut spécialement conçu pour le GIGN qui permettait d'accéder, grâce à son échelle et sa plate-forme hydraulique, jusqu'aux portes des Airbus A380 et des Boeing 747. Je savais que je ne ferais jamais partie de l'équipe d'intervention, chasse gardée des hommes, mais cela ne m'empêchait pas d'en rêver.

J'avais bifurqué à l'intérieur du bâtiment vers le magasin, le lieu de stockage des munitions et des explosifs. On y trouvait de tout, de la paire de chaussettes au lance-roquettes. Un homme du GIGN pouvait avoir six ou sept armes sur lui, ça consommait beaucoup de munitions. J'avais gardé l'habitude d'assembler mes propres balles, ce qui au début de ma carrière me permettait de faire de substantielles économies. Je portais dans mon sac à dos, à côté du Luger, un lot de cartouches fabriquées dans ma cuisine selon une recette simplissime, mais minutieuse, héritée de ma Baba Lena qui mitonnait aussi bien les balles 9 mm que la blanquette de veau : prendre une douille, enfiler par l'arrière l'amorce à percuter, rajouter deux millimètres de poudre et la balle en plomb, préalablement fondue. Bien serrer avec une espèce d'outil qui ressemble à un dénoyauteur d'olives, un jeu d'enfant.

Le gendarme de garde m'a hélée : « Eh DOG, un café ? » C'était Tony, un magasinier à l'accent chti qui s'ennuyait derrière son comptoir. Je me suis accoudée pour saisir le mug brûlant qu'il me tendait. À toutes fins utiles, je lui ai demandé une cinquantaine de cartouches pour mon Glock, autant en profiter, c'était gratuit. Il s'est exécuté sans broncher. Les contrôles ne sont pas stricts et personne ne va vérifier que vous avez tiré toutes vos munitions. Ainsi, nous gardions souvent un petit stock que l'on rapportait à la maison ou que l'on planquait dans son casier.

Lorsque j'avais douze ans, mon père avait perdu ses cartouches réglementaires, toutes identifiées et répertoriées avec un numéro gravé sur chaque douille, comme il se doit dans la gendarmerie. Chez nous, on ne rigole pas avec la traçabilité. Un règlement de comptes dans une cité où l'on retrouverait un type tué avec une de nos munitions égarées n'était pas imaginable. Son chef avait été clair : « Olberg, vous avez une semaine pour récupérer ces cartouches. Voulez-vous que je vous envoie un chien ? » Mon père avait blêmi, il cachait dans le grenier des fusils qui lui venaient de son grand-père, des armes pas déclarées, hors de question qu'un clébard dressé à la détection d'armes et d'explosifs sniffe les calibres du vieux, un pistolet-mitrailleur Sten parachuté par les Anglais en 44 et un magnifique Walther P38 récupéré sur le cadavre d'un officier de la Wehrmacht. On avait tout retourné, mais nous n'avions jamais retrouvé les cartouches. Cela nous avait bien pourri les vacances de Noël, Luisa avait fait la gueule jusqu'à l'épiphanie et JPO avait écopé d'un blâme.

Le magasinier m'a tendu les boîtes.

Je voulais m'entraîner au tir à longue distance même si, en mission, le tir resterait exceptionnel pour moi. J'ai chargé mon Luger avec mes cartouches *home-made*.

Il n'y a pas de couloirs au centre de tir du GIGN, contrairement à ce que l'on voit dans les films ou à ce qui peut exister dans les sections de recherches. Il s'agit d'une très grande pièce où chacun tire d'où il veut, sans crainte de blesser le camarade qui s'entraîne quelques mètres devant ou à côté. Au GIGN, le danger et la confiance sont indissociables.

Plusieurs personnes s'entraînaient sur des cibles. Je me suis placée au fond de la salle d'où j'apercevais mon père quelques mètres devant moi, un Glock à la main. Je me suis amusée à le viser puis à légèrement dévier le canon du Luger pour tirer sur la cible au fond de la pièce. J'avais déjà percuté une douzaine de cartouches lorsque la culasse a explosé dans ma main. Je n'ai pas crié. Mon père s'est précipité vers moi en rengainant son Glock. Le sang giclait de mon doigt, celui qui tenait la détente. Il a déchiré un pan de sa chemise et entortillé mon doigt blessé. Il a ramassé ce qui restait du Luger, l'a examiné sous toutes les coutures et m'a demandé les cartouches. Je l'ai fait répéter, l'explosion de l'arme m'avait bouché les oreilles. Il était livide.

« Les cartouches ! Montre-moi les cartouches !! »

Il avait trouvé les munitions dans mon sac. En deux secondes, il avait désossé une cartouche et devenait encore plus blanc.

« Putain ! Il y a trois fois trop de poudre !! »

Après l'avoir convaincu que j'avais correctement dosé le mélange, il m'a regardée d'un drôle d'air.

Plus tard, bien plus tard, je comprendrais ce que mon père venait de comprendre : quelqu'un s'était introduit chez moi pour saboter mes munitions.

Lorsque Vincent est sorti de l'eau, il nous a vus et je crois que cela lui a fait très plaisir. Il a enjambé les gradins pour nous rejoindre, a délicatement embrassé mon doigt-poupée, puis il a pris son fils dans ses bras qui s'est débattu en riant.

IV

VI

1

« Je ne vous aime pas », m'a-t-il jeté à la figure, le premier jour de la semaine d'aguerrissement, doux euphémisme pour décrire l'enfer, préambule du stage probatoire.

« Beaucoup plus intensif, celui-là », ont-ils précisé, sourire en dents de piano. Cinq à dix pour cent d'entre nous seraient retenus et poursuivraient l'entraînement.

Ils, c'étaient les instructeurs qui nous avaient rassemblés dans la cour de Mondésir, en treillis et sac à dos. Lui, c'était le capitaine Verdier, l'organisateur de cette formation. Il était secondé par l'adjudante-cheffe Chantagret.

Verdier nous a donné un aperçu du menu. Copieux.

— Vous êtes heureux d'avoir survécu à la première semaine de tests ? Croyez-moi, vous n'avez encore rien vu, rien vécu, rien compris. Si, après ces neuf semaines de stage, vous êtes toujours là, ce qui est très peu probable, commencera alors votre formation définitive. Un an plus tard, et si l'on vous en juge digne, vous recevrez votre brevet. On ne prendra que les meilleurs, on n'en prendra peut-être aucun. Vous allez en chier comme jamais, ceux qui veulent partir peuvent le faire immédiatement.

Personne n'a bougé.

Sportif et professionnel d'exception, Jérôme Verdier était l'un des héros de Marignane, un ancien, un de ceux qui avaient participé à l'assaut comme simple gendarme, blessé huit fois par balles, Légion d'honneur à vingt-trois ans.

Capitaine à la force Observation Recherche et instructeur au GIGN aujourd'hui, son banal acronyme, VRD, avait été transformé en VMC par un petit malin parce que Verdier pouvait passer par n'importe quel tuyau. Il disposait en effet de cette facilité d'entrer en tout lieu sans qu'aucun obstacle, naturel ou technique, puisse l'en empêcher.

Expert en serrurerie et en dispositifs de sécurité, capable de se faufiler dans les réduits les plus improbables et d'y demeurer immobile un temps infini, Verdier ne connaissait ni la peur, ni le vertige, ni le manque d'imagination face à l'impossible. « Des faiblesses réservées aux civils », disait-il, utilisant sans le savoir les mêmes mots que mon père. En mission, son rôle consistait à placer des systèmes d'écoute et de surveillance au cœur même du dispositif, un moment de danger mortel : pas question d'être surpris pendant l'installation. Au cours d'une mission, du plus loin au plus près, lorsque plusieurs équipes se mettaient en place, que l'une d'entre elles prenait la cible en filature et gardait sur elle un contact visuel, une deuxième bouclait discrètement le quartier, la barre d'immeuble, l'escalier, pour donner l'alerte et bloquer l'arrivée d'un éventuel indésirable. Tous les coups étaient alors permis : simuler un malaise, déclencher une bagarre ; appeler les flics, les pompiers, lâcher un chien… Dans les cas les plus extrêmes, agresser physiquement l'intrus.

Je connaissais bien le processus puisqu'il faisait partie de ma spécialité, mais Verdier était la légende de cette discipline.

Comme à chacun d'entre nous, le nom de Jérôme Verdier m'était familier depuis longtemps. « Mais alors, disaient les hommes entre eux lorsqu'ils évoquaient Marignane, tu as connu Favier ? — Ah ne m'en parle pas ! » Ils gardaient Jérôme Verdier pour la bonne bouche, lorsque l'on en avait terminé avec Prungnaud ou Bardoche, Charles Pasqua et la Sainte-Geneviève. Ils laissaient passer un silence puis quelqu'un disait : « Et Verdier ? Tu te souviens de Verdier ? »

J'avais ainsi appris bon nombre d'histoires dont ce fameux Verdier était toujours le héros. À en croire ses condisciples, Verdier était capable de tout. Aucun officier, lieutenant ou général de corps d'armée n'avait pu venir à bout de son insolence ni de ses inventions extraordinaires. Plus de vingt ans après Marignane, on rapportait ses faits et gestes, on en riait, on les admirait encore un peu. Verdier avait un instinct et une chance qui l'avaient toujours mis à l'abri du renvoi infamant que ses écarts de conduite auraient suffi à entraîner. Il prétendait, par exemple, ne rien retenir des leçons de ses instructeurs. La veille du concours d'officiers, il avait, paraît-il, à peine consenti à ouvrir quelques livres. Pour avoir la paix, avait-il dit. Pourtant, aux oraux, il avait répondu avec justesse et ses devoirs avaient souvent été reconnus comme les meilleurs de la classe. Il était l'insolence même, je le vénérais avant même de le rencontrer.

À force d'entendre parler de lui, Verdier était devenu pour moi un personnage connu auquel je prêtais un visage inventé de toutes pièces, personne n'ayant pu me le décrire précisément. Un personnage immobile, placé en dehors du temps, ni vraiment vivant ni vraiment mort, comme ces gens qui occupent les pages des romans et à l'existence desquels on ne croit jamais tout à fait. Je n'aurais pas pensé que Verdier pût respirer, marcher ou dormir au moment où je l'évoquais, à travers l'espace et le temps. Verdier, je le connaissais si bien que je n'y croyais plus.

Lorsque je l'ai rencontré, j'ai vainement cherché sur lui quelque chose qui ait pu correspondre au Verdier que j'avais imaginé. Il n'était pas très grand, moulé dans un uniforme qui semblait une taille trop petite tant ses muscles collaient au tissu. Campé sur des jambes légèrement arquées, il parlait avec des mains nerveuses, précises, des mains de chef. Des yeux noirs avec des cils de fille, des cheveux assez longs pour un militaire et des tempes qui commençaient à grisonner encadraient un visage que le temps n'avait pas encore marqué malgré ses quarante-huit ans. En écoutant son discours censé nous terroriser, je me suis demandé où étaient passées l'insolence légendaire, la cocasserie de Jérôme Verdier. Il avait le même geste que Vincent pour assurer la position de son col de chemise : un geste d'homme sans histoires. J'étais déçue.

Il m'avait réservé un accueil glacial, m'obligeant à refaire l'exercice de la poutre, large de dix centimètres, suspendue à vingt mètres du sol, un test pour nous préparer aux descentes en hélico. En fait, pour vérifier notre stress face au vertige. Une épreuve facile pour moi, j'y suis allée le pied sûr, le regard droit.

Retenue par un câble de sécurité, j'avais avancé sans crainte au bout de la poutre. En fléchissant les genoux, je m'étais amusée à sentir les vibrations du métal sous mes pieds ; les gendarmes s'agitaient en bas dans la cour, grosses fourmis bleues et noires. J'avais fait demi-tour, tranquillement. « Détache-toi ! » avait alors aboyé Verdier. J'avais détaché le mousqueton du câble qui me reliait à la poutre lorsqu'il m'avait à nouveau apostrophée : « Tu veux mourir, DOG ? » Je l'avais regardé calmement. « Pourquoi pas, si vous me le demandez gentiment, mon capitaine ? » C'est lui qui se trouvait maintenant sur un chemin étroit. « Si la planche craque au moment où tu te défais, espèce d'idiote, c'est une mort nulle qui n'aura servi à rien ! » Il était furieux.

Le drapeau de la gendarmerie flottait sur le toit de la caserne. Brodées en lettres d'or, Valeur et Discipline donnaient le ton de la Maison. Verdier suivait mon regard. « S'il y avait écrit Intelligence et Initiative, on le saurait, non ? » lui avais-je répondu avec toute l'insolence dont j'étais capable. En fait, j'étais secouée par ce qui venait de se passer : un soldat pouvait, devait même, envisager la désobéissance devant un ordre idiot ? C'était à l'encontre de tout ce que j'avais appris en gendarmerie et de ce que m'avait enseigné mon père. J'avais rejoint d'un pied léger la plate-forme où m'attendait Verdier. Le peu d'espace nous obligeait à un face-à-face très rapproché; il sentait l'orage avec un fond de violette, ce n'était pas désagréable. Il s'était penché vers moi pour me glisser à l'oreille : «Je ne vous aime pas DOG, croyez-moi, vous allez faire long feu ici… »

Il avait tenu parole. Nos exercices s'enchaînaient, centrés sur des combats militaires et la préparation de missions intenses, fatigantes, où le froid, l'humidité et la souffrance nous accompagnaient en permanence. Aux marches commando, sac à dos lesté de huit kilos, s'ajoutaient les pompes et les tractions dans la boue. Aucun répit ne nous était accordé. Nous rentrions le soir pour nous reposer, enfin c'est ce qu'ils nous faisaient croire, car à peine arrivés, ou à peine endormis, d'autres instructeurs prenaient le relais pour nous faire repartir.

En peu de temps, je suis devenue le Jesse Owens du capitaine Verdier, mon petit Adolf à moi. Il me blâmait pour la saleté de mon FAMAS, me collait d'interminables exercices de gainage, des pompes sur les poings ou les poignets, m'imposait deux tours de garde nocturnes d'affilée, ou me nommait responsable de groupe pour mieux me reprocher ensuite un échec collectif.

Les revues de sac intempestives faisaient partie de notre routine, de la gourde pleine au papier toilette qui devait être protégé dans un plastique. Au cours de l'une de ces revues, Verdier avait trouvé dans le mien Zoupinou, un doudou rafistolé ayant appartenu à Virgile. Il avait saisi la peluche par une oreille et m'avait demandé avant de la balancer dans les marécages, à quoi pouvait servir ce truc lorsque chaque gramme de matériel se devait d'être utile ? Les copains rigolaient. « À me torcher le cul si je n'ai plus rien d'autre pour le faire mon capitaine ? » Cela m'avait valu de ne pas rentrer chez moi le week-end suivant et de ne pas revoir ma famille. Comme je le détestais.

Je me suis accrochée malgré les humiliations et les exercices éreintants. L'adjudante Anne Kerdoncuff me prodiguait les soins nécessaires pour que je reparte chaque jour au combat. Mon corps martyrisé a surmonté une déchirure musculaire de l'épaule gauche, une entorse de la cheville droite et mes pieds ressemblaient à des moignons de lépreux, boursouflés d'ampoules sanguinolentes. Si celles-ci étaient grosses comme des coussinets, le soir, je demandais à Sofia de les percer avec une aiguille passée à l'alcool. Puis je désinfectais à fond. Ensuite, et particulièrement si la peau était partie et qu'une petite plaie s'était formée, je mettais un morceau de tulle gras pour empêcher le pansement de coller, puis une compresse et un sparadrap pour tenir le tout, l'important étant de bien désinfecter, matin et soir, parce qu'une ampoule, c'est une brûlure, et que les brûlures ça s'infecte vite.

Le seul point positif de ces opérations commando poussées à l'extrême c'est qu'elles renforçaient la cohésion entre nous. Au cours d'un exercice d'endurance, Verdier m'avait ordonné de charger Paulin et ses cent kilos sur mes épaules pour monter deux étages d'un immeuble désaffecté, au pas de course. Paulin m'avait regardée, désolé, l'air de dire je vais me faire le plus léger possible, mais Dieu qu'il était lourd. J'avais réussi à le hisser sur mon dos et à grimper une volée de marches avant que mes genoux lâchent. Verdier avait esquissé un sourire, il notait des trucs sur un petit cahier. C'est alors que Michalack était arrivé par-derrière. Sans hésiter, Greg avait chargé Paulin sur ses épaules, m'avait attrapée comme un fétu de paille et m'avait balancée sur Paulin pour terminer l'exercice. Un mille-feuille de dingues qui nous avait rendus copains, à la vie à la mort.

J'ai encaissé les brimades sans broncher. Les blessures du corps n'étaient rien, mieux valait une fracture du bras qu'une fracture du mental. Comme les instructeurs l'ont exigé, j'ai oublié tout ce que je savais pour tout réapprendre. Mais Verdier cherchait tellement la faille qu'il finirait par la trouver.

Il rentrerait dans ma tête, aussi facilement que dans une gaine de chauffage.

2

« Vous commencez ensemble, vous finissez ensemble », nous répétait Verdier plusieurs fois par jour, pour renforcer la solidarité du groupe de stagiaires.

Mais cette fois-ci, nous n'avons pas fini ensemble.

Les exercices physiques semblaient moins éprouvants si mon sac était allégé de onze à cinq kilos pour parcourir les huit kilomètres standard en moins d'une heure (j'y parvenais en moins de quarante-cinq minutes). Il en était de même pour les agrès, les pompes et les tractions. Les instructeurs s'appliquaient à faire peser sur les stagiaires une pression mentale de tous les instants, testant en permanence notre engagement et notre motivation. Ils avaient le talent de transformer une faute individuelle en faute collective, parvenant à nous faire douter de nous-mêmes face à une situation d'échec. Alors, nous répétions les exercices de combat jusqu'à l'épuisement. Nous revérifiions nos sacs dix fois, de nuit comme de jour, regardant ceux des copains, rien n'était laissé au hasard. Nous partagions tout, le sport, la nourriture dégueulasse, les jours sans joie. Les bons moments aussi, comme le soir où Michalack nous avait pliés de rire avec son imitation de WTR, le secrétaire du colonel Janviers, notre chef à tous. Il s'agissait du gendarme Denis Walther, dit P38, car il avait le même prénom que l'ingénieur qui avait créé le célèbre pistolet. P38 avait trente ans. Il était entré au GIGN en tant qu'administratif avec un CAP de comptabilité en poche, un jour où l'on cherchait quelqu'un pour la paperasse. C'est lui qui s'occupait des inventaires, réceptionnait le courrier, tapait les rapports. P38 avait peur des armes à feu, nourrissait les chats errants de la caserne et jouait de la guitare sèche, ému aux larmes par les accords du flamenco. Il vivait seul, on ne lui connaissait pas de liaison et les mauvaises langues comme Michalack disaient que les filles ne l'intéressaient pas plus que ça. Je l'aimais bien, il était, au sein de l'état-major, celui qui veillait de loin sur nous, obtenait le matériel, les autorisations dont nous avions besoin.

Chaque jour qui passait renforçait les liens entre nous. Pourtant, les abandons se multipliaient. Certains se blessaient – il est plus facile de partir sur une entorse que sur un doute, la cicatrice est moins visible –, d'autres voyaient leur moral vaciller et capitulaient.

Étions-nous vraiment prêts à encaisser autant de coups pour intégrer cette unité ? À nous confronter en permanence à tout ce stress sous prétexte de savoir y faire face par la suite ? Dans les moments de doute, j'appelais Vincent pour lui poser la question. Comme il pensait que oui, je repartais remplumée.

En cette fin de stage probatoire, il ne restait à mes côtés que ma garde rapprochée, Paulin, Michalack,

Sofia et une quarantaine de garçons ultramotivés. Ils venaient de partout en France, de la garde républicaine, de la gendarmerie mobile, de l'air, d'unités maritimes, de l'armement. Comme nous, ils savaient qu'à la fin du probatoire nous ne serions qu'une poignée de candidats essorés. L'étau se resserrait, la fatigue nous ébranlait. L'odeur de Virgile m'obsédait, un mélange de pain d'épice et de crayon fraîchement taillé, je ne parvenais pas à l'enfermer dans un coin de ma tête, elle s'échappait sans préavis, prête à me faire les poches dès que je baissais la garde. J'essayais de ne pas penser à lui, mais les soirs de fatigue, lorsque son petit visage surgissait dans l'obscurité ou que j'entendais son rire rauque sous mon oreiller, je tentais d'apprivoiser le monstre de mon enfant. « Tu sais quoi ? lui disais-je, on en reparlera plus tard. Mais en attendant, surtout, surtout, ne va jamais dans le jardin de Monsieur MacGrégor. » Et le monstre finissait par disparaître.

Sofia et moi étions les dernières filles dans la course. Même si, in fine, une seule de nous deux serait choisie, cela n'altérait pas nos relations. Sofia pensait qu'elle était la meilleure, elle ne s'en cachait pas ; au moins, elle jouait franc jeu et cela ne l'empêchait pas d'être une camarade loyale et chaleureuse.

Au milieu de la dernière semaine du stage, par une délicieuse soirée d'octobre, les instructeurs nous ont fait la surprise de nous organiser une petite fête. Un moment de répit bienvenu. Sonia a picolé, elle a dansé au milieu des garçons, je ne l'avais jamais vue comme ça. Nous sommes rentrés nous coucher un peu plus tard que d'habitude et en délaçant mes rangers j'ai eu le sentiment que quelque chose clochait.

À une heure du matin, comme pour me donner raison, le clairon a sonné le rassemblement. Cinq minutes plus tard, l'adjudante-cheffe Chantagret, l'adjointe de Verdier, nous briefait dans la cour de la caserne. La première fois que j'ai vu Chantagret, je me suis réjouie, une femme, forcément la promesse d'une certaine intelligence, d'une certaine indulgence. Cette sous-officière de trente-huit ans, cheveux mi-longs retenus sévèrement par un élastique, était au contraire l'instructrice la plus sadique du stage. Elle ne nous passait rien. Alors que les officiers du GIGN avaient tous gravi les échelons de cette unité, elle avait été parachutée par la haute hiérarchie, une des premières femmes à intégrer le GIGN à qui l'on reprochait trop de machisme. Son professionnalisme aurait pu pallier ce manque de légitimité, mais elle portait en elle une défiance, une animosité secrète qui se déversaient sur nous, les stagiaires. Cela se manifestait par des tracasseries, des vérifications un peu médiocres, des reproches pour des riens. Comme une perpétuelle mise à l'épreuve. Certes, elle était là pour veiller au grain, pour contrôler, pour vérifier la bonne utilisation du matériel et nous aurions pu admettre ces remontées de bretelles si elles avaient été fondées.

Chantagret me terrifiait. Profondément misogyne, endurcie, désensibilisée au contact de la vie militaire, elle asseyait son autorité sur un comportement implacable, redoublant de zèle pour être l'égale des hommes. Elle s'acharnait sur nous, outrepassant même les ordres de sa hiérarchie, agissant toujours par « devoir ». Les Chantagret existent depuis toujours, on les retrouve en haut des miradors, dans les salles de classe, à Pôle Emploi. Elles sont reconnaissables à leur cœur, fermé à double tour.

La veille, sous une pluie battante, elle m'avait imposé, deux fois de suite, un parcours d'audace semé d'obstacles plus éprouvants les uns que les autres. Se hisser, courir, escalader, ramper, courir encore. Je n'en pouvais plus, je m'étais plantée deux fois de suite au chrono et l'adjudante-cheffe avait prononcé mon arrêt de mort : « Dernier essai DOG. Si tu n'y arrives pas, tu rentres chez toi ».

À la troisième tentative, soutenue par Sofia et Paulin qui me hurlaient leurs encouragements au bord de la piste, j'avais bouclé le parcours. J'avais fait appel à toutes mes forces, à toute ma volonté pour y parvenir. Mon épaule gauche me faisait souffrir, une tendinite, je crois, mais je gardais ça pour moi ; de toute façon, tout le monde s'en foutait. Les instructeurs, parce que les plus faibles n'avaient qu'à dégager, et les copains parce qu'un candidat de moins, c'était un candidat de moins. Chantagret ne m'avait pas accrochée à son tableau de chasse, je savais qu'elle me gardait dans son collimateur. Pourtant, au mess, alors que nous attendions côte à côte le rôti de porc-purée, elle m'avait lâché : « Fais comme les Navy Seals, DOG, mange l'éléphant. Une bouchée à la fois. Prends les objectifs insurmontables, et décompose-les en objectifs plus petits. » Il m'a semblé que Chantagret venait d'être sympa avec moi. Je n'ai jamais oublié son conseil.

Le soir, dans notre chambre, Sofia m'avait massé l'épaule avec du baume du tigre. Nous avions tenté de rendre la pièce composée de deux lits en sapin au pied desquels était pliée la couverture réglementaire, une chaise, une table et une armoire métallique, un peu moins triste. Dans un coin, un lavabo, une douche et, quand ça marchait, de l'eau chaude. Sofia avait scotché au-dessus de son lit une photo de son frère Hosni, un militaire tué en Irak à vingt ans, le jour des dix ans de Sofia. Des rubans de concours et des diplômes de tir complétaient ce patchwork sentimental. Mon côté à moi était vide. Je gardais à l'abri des regards une photo de Virgile à l'intérieur de mon calot.

Lorsque Chantagret nous a rassemblés dans la cour au milieu de la nuit, on s'est bien doutés que ce n'était pas pour une partie de Scrabble. Les instructeurs nous ont vendu cette épreuve comme un énième parcours stress et nous ne nous sommes pas méfiés. Nous devions reconnaître une ferme située à cent kilomètres de notre base sans nous faire repérer, observer le lieu, obtenir des renseignements, revenir à la caserne et faire un compte rendu le plus précis possible. Rien de compliqué. Nous étions crevés mais soulagés.

Après nous avoir rhabillés en civil, les instructeurs sont passés parmi nous récupérer papiers d'identité, argent et portable. MHK a hurlé comme un porc lorsque Chantagret le lui a confisqué. Il s'est roulé par terre. « Vous m'arrachez le cœur, chef, comment survivre dans ce monde hostile et dangereux ? Prenez mon arme, mon portefeuille, un litre de mon sang, mais pas mon portable ! » Autant dire que Chantagret ne s'est pas laissé attendrir.

Le brief était clair et précis : interdiction de faire état de notre statut de gendarme auprès de la population pour nous tirer d'un mauvais pas ou de commettre un acte délictueux, comme par exemple monter dans un train sans billet.

Chouf chouf. Chouf chouf. Les pales d'un hélicoptère qui nous survolait. Instinctivement, j'ai baissé la tête. Le Puma s'est posé dans un nuage de poussière, un groupe d'hommes armés a couru vers nous. J'ai tenté de me rapprocher de Paulin, mais un type nous a séparés de la pointe de sa Kalache. Il m'a fait une clé au bras, mon épaule m'a rappelée à l'ordre. L'acier des menottes s'est refermé sur mes poignets, entravés derrière mon dos. J'ai été jetée à terre, soulevée, transportée et balancée dans un camion avec d'autres camarades. La rapidité et la violence de l'intervention m'ont sidérée. Ils m'ont rouée de coups de pied. Nos ravisseurs, cherchant à se faire passer pour une bande de terroristes, parlaient entre eux en arabe : nous étions des chiens d'otages. J'ai pratiqué la cohérence cardiaque, un truc qui me réussissait assez bien dans les moments de stress, inspiration sur quatre temps, expiration sur huit. Le camion s'est arrêté au bout de ce qui m'a semblé être un quart d'heure de route. Les portes se sont ouvertes, le vent s'est engouffré dans l'habitacle. Quelqu'un a noué un foulard sur mes yeux et collé un large ruban adhésif sur ma bouche. Je pouvais encore respirer par le nez ; j'ai analysé les odeurs autour de moi. J'ai reconnu celle de Sofia, la suavité de l'eau de fleur d'oranger dont elle s'arrosait tous les matins, mais aussi des marqueurs de peur, à travers d'aigres transpirations de testostérone en panique. Quelqu'un m'a fait avancer dans l'herbe, m'a poussée, invectivée, toujours en arabe, mais je n'ai pas identifié la voix, l'individu parlait à travers un masque, un homme peut-être, au toucher de la poigne. Le terrain était boueux sous mes pieds, je dérapais, on m'insultait à nouveau, on me frappait, une porte s'est ouverte et j'ai été poussée sans ménagement à l'intérieur d'une pièce où régnait un froid polaire. J'ai tenté de résister, j'ai pris une gifle maousse qui a fait légèrement glisser le bandeau de mes yeux. J'ai espéré que personne ne s'en rende compte, mais un des ravisseurs l'a vu et a resserré le morceau de tissu derrière ma tête. La porte s'est refermée dans un lourd bruit mat pour nous laisser dans une obscurité totale. Aucun doute, ils nous avaient piégés dans une chambre froide. J'ai entamé à tâtons une reconnaissance des lieux, longé les murs. Je sautillais sur place pour me réchauffer, me cognant sur des camarades – peut-être des ennemis infiltrés ? – qui faisaient la même chose que moi pour lutter contre ce froid atroce. Drôle de ballet silencieux, macabre, flippant. Nous étions des mouches enfermées dans un bocal.

La porte s'est ouverte et avant de comprendre ce qui nous arrivait, un jet d'eau puissant nous a électrifiés de la tête aux pieds. Nos ravisseurs sont partis, nos vêtements ont commencé à se raidir sous les plaques d'eau gelée. Nous avons tenté de nous réchauffer en nous serrant les uns contre les autres, mais le temps passait et nos forces déclinaient. J'avais perdu toute notion de temps et d'espace. Je me suis assise sur le sol en terre battue, j'ai adopté la tactique du bulot, j'ai verrouillé les écoutilles et me suis concentrée sur ma respiration. J'ai retrouvé le fil d'une pensée : si j'étais réellement prise en otage, mes ravisseurs ne voudraient pas que je meure, il fallait tenir. Et bouger. Je me suis levée, j'ai déplié mes membres engourdis et me suis approchée de la porte. En tournant le dos, avec mes mains menottées, j'ai palpé la serrure : rien de compliqué.

J'ai réfléchi, j'ai retrouvé mes réflexes de gendarme et la solution : les gros seins de Sofia.

3

Il fallait retrouver Sofia au plus vite, mais comment faire, je ne pouvais pas la voir dans l'obscurité et mes sinus, gelés par le froid, étaient désarmés. J'ai cherché de l'aide auprès d'un camarade – ou d'un ennemi – pour lui faire comprendre d'arracher le scotch sur ma bouche, mais ça n'a pas marché. Je m'impatientais. J'ai évalué à une demi-douzaine le nombre des personnes enfermées avec moi dans cette chambre froide. J'ai éliminé au toucher tous ceux en dessous du mètre quatre-vingts pour retenir quatre individus. J'avais un plan : retrouver Sofia par la cicatrice qu'elle avait à l'intérieur du poignet. Une marque qui datait de l'enfance, un accident qu'elle avait eu à cinq ans. Elle jouait avec son frère Hosni, ils chahutaient, son frère faisait le malin avec un briquet, il avait montré à sa sœur comment s'en servir et par inattention Sofia avait mis le feu à la robe de sa poupée. Les flammes s'étaient propagées au tapis, les enfants avaient pris peur, Hosni avait ouvert la fenêtre, mais dans la précipitation le bras de sa petite sœur était passé au travers du carreau. Elle m'avait raconté cette histoire un soir de garde, m'avait confié, amère, à quel point elle en voulait à ses parents. Elle avait toujours eu l'impression que son frère n'avait pas été assez sévèrement puni pour ce qui lui était arrivé. Mais cette rancune, comme toutes les autres raisons qu'elle avait de leur en vouloir, elle l'avait enfouie en elle pour mieux la nourrir. Ses parents ne savaient pas qu'elle leur en voulait autant. Elle le leur faisait sentir de manière subtile, en oubliant un anniversaire, un dîner, ou en n'étant pas disponible pour la fin du ramadan. Elle avait toujours su trouver le bon prétexte pour ces petites vexations. Quand elle était plus jeune, elle s'inventait des devoirs ou elle devait rester à la fac. Quand elle était rentrée dans l'armée, elle avait continué à se rendre indisponible. Sofia ne pouvait pardonner les blessures, c'était son plus gros défaut.

J'ai fini par la retrouver. Je l'ai traînée devant la porte. Nous étions toujours menottées, bâillonnées et aveugles. Je savais qu'elle me ferait confiance, nous étions suffisamment entraînées pour cela. Je lui ai fait signe de s'accroupir avec moi ; je lui ai tourné le dos et j'ai passé mes mains entravées sous son pull. Elle a eu un mouvement de recul, mais s'est vite rendu compte que ce n'était pas pour le plaisir et elle s'est rapprochée de moi. J'ai glissé mes mains sur le côté de son buste et, en me contorsionnant au maximum, j'ai dégrafé son soutien-gorge. Malgré le froid, j'étais en nage. J'ai tiré sur le tissu pour que Sofia m'aide à le retirer, mais il bloquait à cause des bras. À moitié dénudée, elle voulait m'aider, mais ne savait pas quoi faire. Changement de stratégie. J'ai approché ma bouche de ses mains liées dans son dos ; après trois essais, du bout de ses doigts engourdis, elle est parvenue à arracher le morceau du scotch qui m'empêchait de parler.

« Les baleines de ton soutien-gorge, vite ! »

Sofia a réagi au quart de tour. Elle s'est tournée et a offert sa poitrine. J'ai attrapé le bas de son soutien-gorge avec mes dents et j'ai déchiré le tissu pour dégager une baleine de son immense bonnet – 95E tout de même. Armée, je me sentais plus forte. Nous nous sommes mis dos à dos et j'ai crocheté les menottes de Sofia. La baleine en métal glissait, je travaillais à l'aveugle, mais au moins j'étais dans mon élément. Après plusieurs tentatives, j'ai entendu le clic de la serrure. Libérée, Sofia s'est levée, a arraché le bandeau, le ruban de scotch et a poussé un cri sauvage de soulagement. Elle m'a libérée à mon tour, mais l'ouverture fine n'étant pas sa spécialité, elle n'a pas réussi à retirer la paire de menottes. Qu'à cela ne tienne. Bourrée d'adrénaline, je ne pensais qu'à une chose, sortir de cette chambre froide et reprendre la mission. Sofia a fait le tour de la pièce et a aidé le reste des prisonniers. Je leur ai expliqué mon plan : forcer la serrure de la porte avec la baleine du soutien-gorge de Sofia et nous séparer en binôme une fois dehors pour disperser l'ennemi. Il fallait à tout prix mettre fin à cette prise d'otages, continuer, trouver la maison et rapporter des informations. Michalack a pris la main. Avec Paulin, ils m'ont soulevée comme une plume jusqu'à la porte pour que, toujours de dos et menottée, je puisse crocheter la serrure sans tension, sans m'arracher les épaules. Ils m'ont tenue audessus de la serrure que j'ai ouverte assez facilement. Nous étions libres et, curieusement, personne ne nous attendait à l'extérieur. Chaque binôme a filé dans une direction différente.

J'ai expliqué à Sofia comment ouvrir les menottes qui entravaient mes poignets en sang. Elle y est parvenue au bout d'un temps interminable. J'ai regardé ma montre, il nous restait six heures pour boucler l'exercice. *Plic, ploc.* Ce n'était pas le bruit des gouttes de pluie que nous percevions, mais celui de balles, bien réelles, l'écorce des arbres devant nous volait par petits éclats. Nos assaillants nous tiraient dessus. Sofia m'a montré un mur d'enceinte, à cinquante mètres de nous. Trop haut, trop lisse, impossible à escalader. Elle m'a jeté un regard désemparé.

4

Nous avons marché une heure sur une route nationale à travers des champs de betteraves. La nuit était noire, Sofia râlait.

« Je suis sûre qu'ils l'ont fait exprès, les bâtards.

— De retirer la lune ?

— De laisser une corde le long du mur ! Wesh, comme par hasard ! »

Nous avions effectivement trouvé une corde lisse qui pendait le long du mur, côté route.

Je lui ai répondu que, dans une vie d'aventures, c'était comme dans un film, chacun avait droit à un heureux hasard. Un seul.

« Putain, mais regarde mes mains ! »

Elles étaient en sang, brûlées par la corde.

« Tu aurais dû mettre la corde en tension, tu en as pour huit jours à cicatriser. C'est de ta faute. »

Regard noir de Sofia.

Je lui ai tendu mon mouchoir, mais elle a préféré s'essuyer la paume sur le tissu de son pantalon. Elle a grimacé et passé l'autre main dans sa tignasse. Une mèche brune tombait sur son front, elle la remettait souvent en place avec le dos de son poignet, un geste d'avant, quand elle avait les cheveux longs. Je trouvais assez belle cette grande fille d'un mètre quatre-vingts, complexée par sa taille et son gabarit. Elle ne portait qu'une montre et des boucles d'oreilles boutons en argent. Dans le civil elle s'habillait de gris, de noir, d'anthracite ou de bleu marine. Comme toutes les filles qui aspirent à se fondre dans la masse des garçons, elle se maquillait légèrement, un soupçon de khôl à l'intérieur de la paupière pour rendre le blanc de l'œil bien blanc. Elle avait de beaux yeux écartés, des yeux francs, mais elle avait souvent du mal à soutenir le regard des autres. Des cernes bleus, des sourcils trop épilés, une peau fine tirant sur le mat avec quelques cicatrices d'acné. Je lui disais tout le temps, quand elle se regardait dans la petite glace au néon de notre salle de bains : « Arrête de tripoter tes boutons ! » J'aimais bien Sofia, forte, fragile, ambitieuse. Elle s'est tournée vers moi, l'air chafouin.

« J'en ai plein le dos. Et si on piquait une voiture ?

— Tu sais bien qu'on n'a pas le droit. On va faire du stop. »

Les aiguilles fluorescentes de sa montre indiquaient quatre heures.

« Je lui ferai bouffer ses couilles à la Chantagret, et j'obligerai Verdier à regarder ! »

Sofia pensait que les gens devaient payer pour les injustices qu'ils lui faisaient subir. Et elle définissait l'injustice par tout ce qui l'empêchait d'atteindre son but ou de réussir aussi vite qu'elle le voulait.

Le camion a freiné sec et, porté par son élan, a mordu le bord du talus, lâchant un pet chuintant, frissonnant de toute sa tôle avant de s'immobiliser. La porte passager s'est entrouverte, une invitation à grimper dans l'habitacle.

Tassée sur le siège avant contre la portière, Sofia somnolait. Assise au milieu, je regardais le jeune homme qui se penchait vers la gauche pour mettre ses phares en veilleuse. Il s'est tourné vers nous, à moitié fâché.

« Non, mais vous êtes pas un peu dingues, vous, des fois ? J'aurais pu vous écraser et avoir un tas d'ennuis à cause de vous. »

Il avait l'accent des gens du Nord.

« C'est très gentil de vous être arrêté. On est tombées en panne à quelques kilomètres d'ici, on n'a pas de téléphone, alors... »

Il a hoché plusieurs fois la tête et regardé à nouveau ces deux filles ramassées sur la route. Pourtant les autostoppeuses, il n'en prenait jamais, c'est interdit et ça ne vous attirait que des emmerdes. Mais là, il s'était senti obligé, nous avions l'air trop perdues au bord de cette route au milieu de la nuit.

« Et puis comme ça, vous serez moins seul. Vous allez jusqu'où ? lui ai-je demandé.

— La banlieue d'Arras. Je voyage à plein, des palettes de jus de tomate à livrer chez Cora avant l'ouverture. Je vous dépose là-bas ?

— On verra. Dites donc, vous nous avez parlé d'un sandwich tout à l'heure ! C'est pas pour vous commander, mais on a un peu faim ma copine et moi. »

Il a frappé le volant du plat de la main en s'esclaffant et

a déclaré que, décidément, les bonnes femmes, il fallait se les faire. Puis il a brandi un sac à dos logoté de l'Arras Football Club d'où il a sorti des provisions et une bouteille isotherme.

— Hénaff, Vache qui rit, mâcon, café. Ça ira les filles ?

— On va faire l'impasse sur le mâcon, mais sinon, ce sera parfait. C'est quoi votre nom ?

— Rambert Pierre, mais on m'appelle Pierrot. Et vous ?

— Elle c'est Sofia, moi c'est Delphine. »

Il s'est avancé sur son volant pour jeter un regard amusé sur ma camarade.

« Et elle va manger du porc, Sofia ? »

Sofia a ouvert un œil noir et tendu une main impérieuse vers le sandwich.

Le jour se levait. Nous nous sentions bien. Mieux que tout à l'heure sur cette route gelée. Quand le Renault s'était arrêté, nous avions couru à toute vitesse vers ce drôle d'engin que nous n'avions pas imaginé aussi volumineux, mais nous n'étions pas en position de choisir notre carrosse. Le chauffeur m'avait tout de suite rassurée, un petit fluet avec un visage poupin et des mains fines. Il devait avoir notre âge. Il n'y a rien à craindre des gens qui ont le même âge que vous.

Sofia, qui avait mémorisé la carte d'état-major pour nous rendre sur les lieux de notre mission, avait fait un rapide calcul. « Si on descend du côté de Chantilly, on aura deux heures pour rejoindre Senlis, ça peut marcher. »

Le moteur ronronnait, les arbres glissaient le long des

vitres. Nous étions au chaud dans cette cabine, repues. La proximité prêtait aux confidences. Le camion était une bulle au milieu de nulle part, peu importait ce que l'on y racontait.

« Enfin, a dit Rambert Pierre, tout ça ne me dit pas pourquoi vous vous retrouvez en panne sur une route nationale à quatre et demi du matin ! »

Sofia lui a répondu du tac au tac. On nous avait appris à soigner nos légendes.

« On bosse chez Saupiquet ; on fait vingt heures/quatre heures pour mille deux cents balles par mois. Et ce matin, impossible de faire démarrer la caisse, on habite à cent bornes d'ici.

Une lueur a attiré mon regard de l'autre côté de la route. Pas de doute, un autocar brûlait sur un chemin de traverse. Nous l'avons dépassé. J'ai touché le bras de notre chauffeur.

« Arrête-toi Pierrot. Fais demi-tour. »

Il a beuglé, mais s'est exécuté. Sofia était inquiète.

« On ne peut pas s'arrêter, on va être en retard. »

Je ne l'écoutais plus, Pierrot a garé le camion sur le bas-côté, à l'entrée du chemin. J'ai couru vers le bus en flammes, suivie par Sofia. J'essayais de voir ce qui se passait à l'intérieur, mais la fumée et les flammes rendaient la chose impossible.

« Allez viens, m'a crié Sofia, il n'y a plus rien à faire, ça peut péter d'un moment à l'autre !

— Il y a peut-être des gens à l'intérieur ! »

J'ai aperçu quelques silhouettes recroquevillées sur leur siège. Il fallait les sauver, Sofia s'agrippait à moi.

« Je ne peux pas, je ne peux pas, répétait-elle les yeux fous, ses ongles s'enfonçant dans ma chair.

— Allez, déconne pas, viens !

— Le feu, DOG, je ne peux pas, je ne peux pas ! »

Et j'ai senti tout le poids du traumatisme d'enfance paralyser la courageuse Sofia. Je ne pouvais plus compter sur elle. Nos instructeurs nous avaient ordonné de toujours agir en binôme, j'ai hésité un instant puis j'ai remonté le foulard sur ma bouche. La chaleur ou le choc de l'accident avaient dégondé la porte. J'ai mis le pied sur la marche du bus, brûlante à travers ma botte.

Au moment où je me suis hissée dans l'habitacle, j'ai compris la mise en scène. Entre les fenêtres et les sièges, des rampes à gaz simulaient les flammes d'un incendie. Des fumigènes dégageaient des volutes nacrées. Les passagers du bus n'étaient que des pantins. Une épreuve choisie par nos instructeurs. Sofia, paniquée, a couru vers le semi-remorque de Pierrot qui faisait demi-tour. Sans doute un complice, le Pierrot.

Le chauffeur du bus s'est redressé comme une momie ressuscitée.

Baba Lena m'avait raconté l'histoire de sa grand-mère Marianna, morte à vingt-deux ans dans le village d'Ogre, près de Riga, au bord des rives gelées de la Daugava. Son aïeule avait demandé à être enterrée avec ses quelques bijoux. Le soir des funérailles, alors que son mari tisonnait tristement au coin du feu, pleurant la mort de sa jolie femme partie trop tôt, trois coups avaient résonné sur la porte de la chaumière. Le mari s'était levé pour ouvrir et n'en avait pas cru ses yeux : Marianna se tenait dans l'embrasure de la porte dans sa robe de bure blanche, ses longs cheveux flottant sur ses épaules. L'annulaire de sa main droite, à moitié coupé, pendait, sanguinolent. Son mari, épouvanté, avait perdu connaissance. Le croque-mort du village, un homme malhonnête et cupide, s'était introduit la nuit dans le cimetière, avait profané la tombe de la jeune femme, ouvert le cercueil pour dérober ses bijoux. Comme l'alliance sur l'annulaire venait mal, il avait cisaillé le doigt récalcitrant avec un petit Opinel. Mon aïeule, en catalepsie – à l'époque, on enterrait rapidement les morts pour éviter les risques de propagation de la maladie –, s'était redressée d'un coup, comme le chauffeur du bus devant moi. Le croque-mort avait fait une belle crise cardiaque. Elle était rentrée tranquillement chez elle, avait survécu à son mari pour mourir centenaire.

Lorsque le chauffeur du bus s'est dressé sur son siège, mon cœur s'est arrêté. Moi aussi, j'étais épouvantée. Verdier portait une combinaison noire ignifugée et me regardait, amusé.

« C'est bien DOG, vous avez agi avec courage et discernement. Où est votre binôme ?

— Partie en reconnaissance, mon capitaine. Pour sécuriser le périmètre. »

Il n'était pas dupe.

« Vous voyez ces deux enfants au fond du bus ? »

Deux petits mannequins d'enfants étaient assis au fond du bus. L'un était blanc, l'autre noir.

« Vous n'avez le temps que d'en sauver un seul. Lequel choisissez-vous ? »

Mon choix en dirait long sur ma personnalité et serait déterminant comme critère pour intégrer le Groupe. Ce genre de situation devait arriver en mission, que faire ? Je n'ai pas réfléchi longtemps, j'ai pris le petit mannequin noir dans mes bras, je l'ai sorti du bus et je l'ai couché dans l'herbe. Sofia courait vers moi.

« C'est quoi ce délire ?

— Un exercice, t'inquiète, je t'expliquerai. »

Verdier a regardé sa montre. Nous avons repris la route au pas de course.

Nous sommes arrivées devant la ferme avec une heure de retard sur le planning. J'ai rassuré Sofia qui craignait d'être mal notée pour l'histoire du bus ; je la couvrirais. Au moment où nous mettions la main sur la poignée de la porte de la vieille bâtisse, la pointe d'une arme s'est fichée dans mon dos. Nous avons rejoint une dizaine de camarades parqués dans une pièce, un cloaque plutôt, dont les murs étaient recouverts de boue. En m'approchant, j'ai réalisé qu'il s'agissait de merde plus ou moins séchée. Il y en avait partout, du sol au plafond. La puanteur nous a pris à la gorge.

Celui qui n'a jamais senti l'odeur d'une souris morte ne peut comprendre ce que nous avons ressenti à ce moment précis. Un mélange d'excréments, d'odeurs d'égouts et de diverses pourritures. Les chairs humaines mortes sentent à peu près la même chose. À des degrés différents. Dans ma jeune vie de gendarme, j'ai eu plusieurs fois l'occasion de participer à des autopsies, j'ai toujours aimé ça. Lorsque le médecin légiste commence à inciser dans la couche de graisse du cadavre avec un scalpel, il se sert parfois d'un électrocautère qui chauffe à une température très élevée ; la même odeur de chair brûlée, comme maintenant. Une odeur envahissante et écœurante, identique à celle des os coupés. Les tumeurs cancéreuses ou les cerveaux ne sentent rien de particulier. En revanche, la découpe des intestins nécrosés dans lesquels les bactéries et le pus sont enfermés schlinguent gravement. Moins que la péritonite, une infection de l'abdomen dont l'odeur rappelle celle du corps décomposé de la souris.

La pire odeur qui puisse exister, paraît-il, mais je n'ai pas encore eu la chance de l'expérimenter, c'est la gangrène de Fournier, une catastrophe génitale qui présente essentiellement des chairs mortes tout autour des parties intimes et dont l'odeur est réputée insupportable. En l'évoquant, j'espérais fugitivement que Chantagret puisse en être atteinte. Cette pensée m'a réconfortée.

De toutes les autopsies auxquelles j'avais assisté dans ma carrière, rien ne pouvait égaler l'épouvantable odeur qui régnait dans cette pièce. Nous n'étions plus qu'une dizaine, dans un état pitoyable. Je me suis dirigée vers Michalack, tapi au fond de la pièce. Son visage, livide, était plein d'éraflures, il semblait épuisé. Il s'est retourné pour vomir.

« Ici, a crié Paulin en grattant la merde à grands coups de pied.

— Une trappe ! »

Effectivement, un volet en bois apparaissait, encastré

dans un mur. Sofia a ouvert le volet, les autres se sont approchés, un corridor très étroit s'offrait à nous, la seule issue.

« Je n'y arriverai jamais, a dit Sofia.

— Mais si, lui a dit Paulin, c'est comme la buse. »

Le parcours de la buse est une épreuve de claustrophobie très technique et éliminatoire dans notre entraînement. Sofia l'avait réussie, ainsi que nous tous dans cette pièce, mais nous la redoutions. Nous nous sommes enfoncés dans l'étroite canalisation, en chantant *Adieu belle fille*, les uns derrière les autres, Sofia en tête. Nous crapahutions dans l'obscurité et la boue, vérifiant fréquemment si le copain derrière nous tenait le coup. Nous sommes finalement parvenus dans une clairière où nos ravisseurs nous attendaient. La lumière du jour nous a éblouis. Ou était-ce la pointe de la botte que je venais de prendre en pleine tête ? Je ne l'ai jamais su, car j'ai perdu connaissance.

L'eau puissante d'un jet glacé m'a réveillée, en proie à une terreur incontrôlable. C'était un cauchemar sans fin. Cette fois-ci, je n'en pouvais vraiment plus. Je me suis roulée en boule sur le carrelage, au ras d'une paire de bottes. Résignée, j'ai attendu le coup suivant.

« Tous tes copains sont rentrés chez eux, ils doivent prendre une douche chaude à l'heure qu'il est. »

Ils étaient trois, le visage recouvert d'une cagoule noire très ajustée. Ils m'ont assise sur une chaise à laquelle ils m'ont menottée.

« Allez, parle, dis-nous qui est ton chef. »

Je n'ai pas répondu, ça les a énervés. Ils s'agitaient, me tournaient autour.

« Tu es plutôt mignonne, ça te dirait de te faire défoncer la gueule ? »

Et pour mieux accompagner cette aimable proposition, un des types m'a giflée à toute volée. Le sang a jailli dans ma bouche. Le goût métallique m'a ramenée à Zubair, six ans en arrière. Pour la première fois, cela m'a fait du bien d'y penser parce que le souvenir était moins douloureux que la gifle. Je me suis remémoré les paroles de mon père. Il avait raison. Si j'avais réussi à survivre depuis six ans, je survivrais à tout. Sans prendre le temps de savourer ma résilience, j'ai relevé la tête et leur ai récité d'une traite :

— *La ilaha illa Allah Mohamed razoul Allah*[1].

Les types en noir se sont regardés, l'un d'eux s'est jeté à mes genoux.

Un jour, j'avais demandé à Sofia de m'apprendre une phrase en arabe qui m'empêcherait de mourir si j'étais attaquée par un fanatique islamiste. Elle m'avait enseigné la Kalima, une Chahada, une profession de foi, une incantation magique qui fait de celui qui la prononce une musulmane que l'on ne peut tuer sans craindre la foudre d'Allah.

Merci Sofia.

1. « Nul n'est adoré sauf Allah et Mahomet est le messager de Dieu. »

5

« C'est comment la guerre ? » m'a demandé Virgile en mâchouillant les jambes d'un Lafayette en plastique alors que nous prenions notre bain au milieu de petits soldats flottant dans une mousse chaude à la lavande.

J'étais rentrée à la maison pour le week-end, éreintée par cette semaine infernale. Sitôt arrivés à Mondésir, nos chefs nous avaient réunis dans une salle de classe pour rédiger un rapport sur le parcours stress que nous venions d'effectuer. Les lignes du papier dansaient sous mes yeux, je me serais offerte pour une douche, un sandwich et quelques heures de sommeil. Huit gendarmes avaient jeté l'éponge pendant et après l'épreuve, nous n'étions plus qu'une petite douzaine de survivants.

Dans mon rapport, j'avais pris soin de valoriser le travail de Sofia dans l'exercice de l'incendie. J'avais argumenté, expliquant à quel point elle m'avait protégée en sécurisant le périmètre ; je m'étais, avais-je écrit sans mégoter sur les adverbes, fermement opposée à ce qu'elle monte dans le bus avec moi, sa présence avait été absolument contreproductive dans ma mission, eu égard au peu de place dans l'habitacle. Mais cela n'avait pas suffi, Verdier avait mis fin à son stage. J'apprendrais plus tard qu'elle avait tenté de sauver sa peau à mes dépens. Dans son rapport, elle avait indiqué que j'avais insisté pour monter seule dans le bus. Je n'étais pas déçue par Sofia, j'espérais simplement qu'elle ne m'en voudrait pas de m'avoir trahie.

J'avais besoin de me reposer, de passer deux jours tranquilles avec mon fils.

Vincent était parti camper avec des potes, Virgile et moi avions l'appartement à nous. Pendant deux jours, nous nous sommes comportés comme des enfultes. Virgile était ravi d'avoir sa mère rien que pour lui, une mère qui faisait valser les règles. Nous mangions des raviolis en boîte à même la casserole, il dormait avec moi et nous prenions notre bain ensemble. Dans l'après-midi – pas de sieste pour les braves – nous nous asseyions dans le canapé, lovés l'un contre l'autre et nous regardions, en boucle, *Nemo,* notre dessin animé préféré. Nemo, le poisson frondeur, c'était moi. Comme lui, j'avais besoin pour grandir de désobéir à ce père trop protecteur, de partir à l'aventure dans un monde inconnu et dangereux. L'océan pour Nemo, le GIGN pour moi. Oui, j'étais Nemo, cet enfant unique surprotégé, qui rêvait d'aventures. Mon cœur en pinçait néanmoins pour Marlin, le père de Nemo, traumatisé par un passé qui l'empêchait d'avancer, sauvé par Dory, le poisson sans mémoire qui ne pouvait vivre que dans le présent.

« La guerre, c'est comme la balle au prisonnier, ai-je expliqué à Virgile. Tu as déjà vu les grands jouer à ça dans la cour ? Eh bien c'est pareil, sauf qu'à la guerre, il n'y a que les adultes qui ont le droit de jouer. Ils se réunissent dans un champ de bataille – un champ comme celui de Papi Jean avec les tournesols – rectangulaire comme un terrain de foot. Ils font un trait au milieu pour bien séparer les deux camps. Dans un des camps, les méchants, dans l'autre, les gentils. Entre les deux, un espace très dangereux où seuls galopent des chiens jaunes très courageux, portant sur leur dos des sacoches en cuir pour transporter le courrier ou la nourriture. Les guerriers aiment bien les caresser.

« La guerre se passe toujours à la campagne sous un ciel gris. Il y a des chevaux fiers de porter les couleurs de leur pays, de la boue, des bruits d'explosion, des types qui se rentrent dedans avec leurs armures en poussant des cris sauvages, des chants tellement beaux qu'ils font pleurer les soldats comme des bébés Cadum. Si tu ne dépasses pas le trait du camp, tu ne risques rien. Si, au contraire, tu t'aventures dans la zone dangereuse, comme dans le jardin de M. McGregor, tu risques ta vie. »

À ces mots Virgile frissonnait de plaisir et se collait à moi, le jardin de M. McGregor étant pire que la chambre de Barbe Bleue, le summum du défendu.

« Tu peux devenir un héros, car le camp adverse a le droit de te tirer dessus. Quelquefois, l'ordre est donné à tout un camp de passer de l'autre côté pour essayer de capturer l'autre. Alors, c'est terrible, on dit que la bataille fait rage. On s'arrête à la nuit, chacun repasse de l'autre côté du trait pour rejoindre son camp. On fait du feu, on mange des brochettes, les plus jeunes font rôtir des marshmallows. Quand il n'y a plus rien à manger, on mange les ennemis ou les chiens. »

Virgile, surexcité, tapait dans l'eau, m'éclaboussait, me jetait de temps à autre un regard, inquiet de voir revenir sa maman normale et sévère. C'était vraiment trop beau pour y croire.

« Quand une équipe est battue, on fait l'armistice, la paix. Les chefs prennent le train pour aller à Versailles signer des papiers et on met plein de drapeaux sur les Champs-Élysées. Voilà, c'est ça la guerre. Ça nous débarrasse d'un tas de gens inutiles, les survivants s'adorent parce qu'ils ont eu peur de tout perdre. Et quand la paix revient, ils redeviennent égoïstes. »

La bêtise des hommes m'a ramenée à Michalack et au drame que nous avions vécu mes camarades et moi à la fin de notre stage. Greg s'était fait virer au retour du parcours stress. Pour avoir pris la défense de Jan, son coéquipier, et pour avoir tenu tête à son capitaine.

Pendant l'exercice de la buse, alors qu'il rampait, la plaque d'identification de Jan s'était couverte de boue et le capitaine Charles de Saligny l'avait puni. « On ne pourrait pas vous reconnaître si vous creviez en mission ! » lui avait-il jeté à la figure pour justifier sa position imbécile.

Depuis le début de la formation, Michalack et Saligny s'affrontaient, mais Greg se débrouillait toujours pour ne pas franchir les limites de l'insolence, il savait que Saligny n'attendait que cela pour bomber le torse et se débarrasser de lui. Saligny n'était pas un chef comme Verdier. Verdier était très dur, mais intelligent, alors que l'autre était bête et méchant. Un petit mec dans un grand uniforme. Excellent tireur, champion de karaté, il avait passé les tests du GIGN haut la main et avait toute la légitimité requise pour nous pourrir la vie.

Saligny – Janus en treillis ou en uniforme bleu, Docteur Jekyll de la maréchaussée – affichait sans transition ses deux plus beaux masques : l'autorité avec ses subordonnés, surtout si leur rang était modeste, et la veulerie la plus suintante avec ses chefs et tous ceux qui pouvaient le servir, préfets, magistrats, élus.

Commander ? Rien de plus simple. Saligny était suffisamment lucide pour connaître ses courtes limites. Craignant l'intelligence de l'autre en lui préférant l'obéissance, antichambre de la soumission, il savait choisir ses adjoints parmi les plus besogneux et les plus tremblants.

À la fin de notre parcours stress, nous avions eu droit à la revue de matériel. Qu'importe si nous n'avions pas dormi depuis quatre jours. Malheur à celui qui allait croiser Saligny sans avoir rectifié sa tenue ou s'être rasé de près.

Son terrain de chasse le plus emblématique était la revue militaire. Drapeau, *Marseillaise* et claquements de saluts, il ne mégotait sur aucun artifice. Lorsqu'il passait les troupes en revue, rien de plus facile alors de choisir, sur les rangs, le maillon faible de la section pour le pourrir devant tout le monde : souliers mal cirés, nœud de cravate approximatif, tout était bon pour pousser un coup de gueule. Surtout si MHK avait fauté. L'acte final étant la punition collective que Saligny, animé de la plus grande mansuétude, finissait par lever afin qu'elle soit complètement subie.

Dans une carrière militaire, on croise des légions de chefs comme le capitaine Charles de Saligny. Tout le monde les repère à trente mètres, mais ils vont, inexorables, vers les honneurs et les hauts grades, dans une envolée professionnelle que même les quolibets, l'étonnement ou la colère de tous ne peuvent ralentir. Ainsi marchait Saligny, vers ses étoiles de général.

La punition de Jan, particulièrement injuste au regard de ce que nous avions donné pendant le parcours stress, nous avait révoltés. MHK nous avait convaincus d'aller collectivement demander au capitaine la grâce de son binôme. Nous ne pouvions pas refuser. Dans le bureau de Saligny, impressionnés par le décorum, nous nous étions dégonflés, profil bas, le nez dans nos rangers, laissant notre camarade monter seul au feu. Il avait tenté d'argumenter, mais le ton était monté et Greg avait perdu son flegme : il avait reproché à Saligny d'être un mauvais chef. Saligny, écarlate devant l'affront, avait signifié à MHK la fin de son stage. Il pouvait réintégrer son unité et lui, Saligny, superviserait en personne sa prochaine mutation à Gramat, où l'on dresse les chiens de la gendarmerie. Greg avait déposé son arme et sa plaque de service sur le bureau du capitaine. Il avait pris la porte sans un mot. Il venait de démissionner, nous ne l'avons jamais revu. C'est très compliqué, surtout en début de carrière, de s'opposer à ses chefs, on ne pèse pas bien lourd face à une hiérarchie intransigeante sur le règlement. L'excuse royale c'est de nous dire qu'en temps de guerre, si l'on discute les ordres, on perd la bataille.

En temps de paix, parfois aussi.

6

Dimanche matin. J'ai sauté dans mon jean et dans ma voiture. À huit heures, la file s'allongeait devant la boulangerie. Qu'à cela ne tienne, rien ne pouvait altérer mon humeur charmante. J'étais en pleine forme, j'avais dormi neuf heures d'affilée. Après une bonne nuit bien réparatrice, comme tous les hyperactifs, je pouvais changer le monde, vivre plusieurs journées à l'intérieur de la même. Mais sans sommeil, je vacillais, telle la flamme d'une bougie prête à s'éteindre au premier courant d'air.

L'odeur sucrée de la viennoiserie m'a réconfortée, la journée s'annonçait épatante.

Une autre odeur, familière mais beaucoup moins agréable, s'est faufilée entre celles des croissants chauds et des clients. Un parfum d'ambre, de vanille, avec une goutte de violette, en arrière-fond. Aucun doute, cette odeur était celle de Jérôme Verdier.

Je me suis retournée de tous les côtés. En tordant le cou, j'ai aperçu sa nuque rasée, devant moi, dans la file d'attente. Il réclamait de sa voix de basse une Tradition pas trop cuite. Par réflexe, je me suis raidie dans un semblant de garde-à-vous. J'ai serré le périnée, contracté mes abdos. Une brusque envie de vomir m'a fait saliver. Je passais mentalement en revue mon look de gendarme au repos un dimanche matin d'automne. Pas brillant : un sweat gris avec un Mickey délavé, mon jean préféré, élimé sous les fesses, et mes pieds enfilés dans une paire de vieux clips-claps. Mes orteils au vernis écaillé me faisaient honte. J'appréhendais la situation comme si ma vie en dépendait; il s'agissait de m'extraire dans la minute de ce terrain miné. Il y avait quatre personnes entre Verdier et moi – dont Véronique, le détail a son importance – et deux derrière moi. J'ai décidé de battre en retraite, de me casser en douce, de filer à l'anglaise.

À peine avais-je fait demi-tour sur le seuil de la porte, que la voix nasillarde de la grosse boulangère m'a apostrophée, haut et clair :

« Madame, vous avez perdu quelque chose ! »

J'ai mis un temps fou à reconnaître l'objet posé sur le sol de la boulangerie, à un mètre de moi, que tout le monde regardait d'un air d'abord éteint, puis allumé : mais oui, oui Delphine, il s'agit bien de ta petite culotte bleu nuit à dentelles de H&M !

Rapide flash-back : hier soir, je m'étais déshabillée à la va-vite. Assise sur le lit, je m'étais débarrassée avec les pieds du jean et de la culotte. Je comprenais avec un profond désespoir que ce matin, en enfilant mon jean, j'avais poussé sans m'en rendre compte, au fond de la jambe du pantalon, l'objet de tous mes tourments qui ressurgissait inopinément au milieu de la boulangerie.

Deux choix déchirants s'offraient à moi : partir en courant et ne plus jamais remettre les pieds dans cette boulangerie. Ou alors, faire appel à mes ancêtres, les Russes, les Italiens et tous les autres et ramasser comme si de rien n'était, la tête haute, le geste fier, la culotte frondeuse. J'ai choisi la seconde option, car le pain était bon ici, une rareté dans le quartier, c'aurait été une punition d'y renoncer. Je n'avais pas eu le temps d'échafauder plus loin mon plan de bataille que le capitaine Verdier bondissait devant moi pour me tendre le morceau de tissu bleu, l'œil rieur. J'ai saisi la culotte pour la fourrer négligemment dans ma poche en faisant demi-tour, rouge et mortifiée.

Verdier m'a rattrapée sur le trottoir et m'a pris le coude avec un semblant de délicatesse. J'ai failli pleurer pour de bon.

« Un café, Olberg ? »

Pour ne pas répondre, j'ai esquissé un geste fataliste qui voulait sans doute dire oui, puisque nous avons bifurqué d'un même pas, comme un binôme de soldats, vers l'unique bar-tabac de Satory.

Madjid, le patron, astiquait avec son torchon le comptoir en cuivre. D'un coup de menton, il nous a indiqué une table un peu à l'écart des quelques militaires éparpillés dans la salle. Je me suis assise face à la salle et Verdier face au terrain de foot, de l'autre côté de la place.

« Vous savez », a-t-il commencé, pendant que Madjid déposait sur la table ronde en fer-blanc damassé un double serré pour moi et un Perrier rondelle pour lui, alors qu'à onze heures de nous, un ado claquait une partie sur un vieux Gottlieb. « Vous savez, nous avons tous nos petits moments de solitude…

— Oui, mais celui-là est abyssal. »

Son dernier moment de solitude à lui datait de l'été dernier. Le colonel Janviers, commandant du GIGN, venait de recevoir la Légion d'honneur.

« J'ai voulu envoyer un message sympa à sa femme et j'ai écrit, un peu rapidement sans doute : "J'aime beaucoup le succès de votre mari !" Vous voyez à quoi ressemble la femme du colonel ? »

J'ai hoché la tête en visualisant la dame grise et bleu marine.

« Le problème, c'est que le correcteur d'orthographe a rectifié de lui-même et a envoyé à la dame : "J'aime beaucoup sucer votre mari !" »

Je l'ai regardé, incrédule. Qui donc était cet homme capable de me traiter comme sa pire ennemie pendant la formation et qui ce matin s'adressait à moi avec désinvolture?

Il a bu une gorgée d'eau sans me lâcher des yeux.

« Vous ne baissez jamais la garde, Olberg ? Parfois, je me demande si vous ne souffrez pas d'un syndrome de stress post-traumatique, vous êtes tellement, tout le temps, dans… l'hypervigilance. Il vous est arrivé quelque chose de grave ? Une blessure pas cicatrisée ? Vous avez tué quelqu'un ? Votre père vous a abonnée au *Monde* ? »

Mon cœur battait la chamade. Que savait-il ? Simone avait-elle parlé ? J'ai décidé de contre-attaquer.

« C'est vous qui rendez les gens comme ça. Vous êtes

tellement sur mon dos à guetter la moindre faiblesse, le faux pas, la faute qui me fera virer. »

Ne pas se plaindre ni lui donner l'impression qu'il a prise sur moi.

« Et puis, ne rien lâcher, jamais, c'est une valeur positive pour le Groupe, non ? Le monde est dangereux, mon capitaine. Alors non, je ne baisse pas la garde.

— C'est aussi ce que semble penser votre père.

— Il vous l'a dit ?

— Ah ! »

Je voulais en savoir davantage, sans rompre l'équilibre précaire que nous venions d'établir. Il m'examinait avec curiosité.

« Il paraît que vous n'appreniez jamais les leçons de vos instructeurs ? » lui ai-je dit pour reprendre la main.

Il a ri, prenant un visage beaucoup plus Verdier que l'autre.

« Qui vous a raconté cela ? Non, je fais pire, un autre genre de blague : je veux sauver le monde. C'est incroyable ce que je suis dévoué pour mon prochain ! Je m'en rends compte au moins dix fois par jour et avec une telle jouissance qu'elle serait intolérable si je la laissais paraître. Je suis le gendre parfait, aimable avec la boulangère, poli avec les vieux, gentil avec les animaux.

— Vous êtes surtout cynique. Et célibataire. »

Il a souri. Un sourire froid et séduisant à la fois.

« J'ai pensé un temps canaliser toute ma bonté en devenant prêtre, ou moine, ou encore bouddhiste. J'aurais été le plus humble parmi les humbles. J'aurais embrassé des sidéens, hébergé des migrants. J'aurais passé des jours entiers à me flageller et à me considérer plus bas que terre. J'aurais amassé des clous, des fouets, n'importe quoi pour faire contrepoids aux péchés du monde. Et puis qui sait, à force d'abnégation, je serais peut-être devenu pape ? Mais il y avait là trop d'orgueil dans cette démarche et Dieu a fait de moi un soldat. Le métier me convient, il me permet de donner libre cours à mes bons sentiments tout en limitant mon côté bouldhume.

— Bouldhume ?

— Bouleversant d'humanité. »

Nous sommes restés longtemps à bavarder. Il m'a raconté plusieurs anecdotes sur sa vie au GIGN, plus drôles les unes que les autres. J'ai ri comme cela ne m'était pas arrivé depuis longtemps. Il n'était pas celui que je croyais, il était pire que cela, il me ressemblait d'une manière étonnante. Nous utilisions les mêmes mots, nous avions la même tournure de mauvais esprit, qui nous faisait nous amuser du ridicule des autres. Je ne saurais rapporter toutes les paroles que nous avons lancées entre nous comme de fragiles passerelles. Était-ce la paix qui se profilait, la fin d'une guerre où je n'avais même pas à rendre les armes, comme si l'ennemi se détournait naturellement vers d'autres objectifs ? Je n'osais y croire, je prenais l'instant pour ce qu'il m'offrait. Madjid est venu nous proposer une nouvelle tournée, mais il n'a pas réussi à interrompre le courant secret qui s'était établi entre nous. Le temps passait, l'heure du déjeuner approchait, le café se vidait. Verdier a réglé l'addition, nous sommes sortis. Nous étions face à face sur le trottoir.

J'ai eu soudain envie de tout lui raconter. Le viol, le

meurtre, l'imposture. Je faisais tellement confiance à cet homme, j'étais persuadée que non seulement il comprendrait sans me juger, mais qu'il m'aiderait à résoudre le conflit qui me rongeait. Je n'avais qu'à lui tendre la main pour qu'il me tende à son tour la sienne, une main sauveuse qui s'enroulerait autour de mon poignet et m'arracherait sans trembler des eaux noires dans lesquelles je m'étais enlisée.

Mais le visage de Verdier s'était refermé.

« Pourquoi avez-vous choisi l'enfant noir dans le bus en flammes plutôt que le blanc ? »

J'ai tenté de surmonter mon état de stupeur pour lui répondre ce qui me passait par la tête.

« Parce que le petit garçon blanc me rappelait Virgile, mon fils. Parce qu'un Blanc s'en sort toujours mieux qu'un Noir, parce que mon fils est débrouillard, qu'il a de la chance et une bonne étoile. »

7

J'ai ouvert les yeux, en feu, chavirée par un rêve d'un érotisme si puissant que la sonnerie du réveil ne l'a pas effacé complètement. J'étais encordée à Jérôme Verdier sur le viaduc de Saclas. Son uniforme imprégné de violette, le souvenir du contact de son corps sec et musclé m'affolaient. Les pensées les plus troubles, les plus sensuelles, traversaient mon corps pour le faire vibrer. « Il n'en est pas question ! » me criait Blandine, au bord du gaz. Il était vieux, il était mon instructeur, j'étais en couple jusqu'à l'os. Allongée dans la semi-obscurité, j'ai fait l'inventaire de ce que j'avais été, de ce que j'étais devenue : une femme en acier trempé, à distance des autres et d'elle-même. La petite fille rieuse, celle d'avant le crime, me manquait. Ce que je ressentais pour Verdier me ramenait à des souvenirs d'enfance, l'ambre solaire de Luisa, le linge frais qui claque au vent, l'odeur de mes couvre-cahiers en papier gaufré. C'était déconcertant. Je n'aimais pas sentir mon cœur battre ainsi. Vincent a bougé à mes côtés, je l'ai réveillé, nous avons fait l'amour mais je pensais à quelqu'un d'autre. Nous avons bu un café dans un champ de draps mêlés ; il a attiré mon visage contre son cou.

« Tu m'aimes ?

— Oui, bien sûr, quelle drôle de question.

— Tu ne me le dis jamais. Viens me retrouver à Montpellier le week-end prochain. »

Une compétition régionale avant les championnats, un truc important pour lui. J'ai promis d'être là, ça l'a touché. Apaisée, j'ai laissé Verdier partir.

Puis j'ai sorti la table à repasser pour défriper mon uniforme.

V

V

1

J'ai tourné la poignée de la porte avec appréhension. Il était assis dans l'obscurité, avachi dans son fauteuil Voltaire aux accoudoirs lacérés par les griffes d'Arthur, un chat siamois que nous avions aimé. L'atmosphère confinée exhalait des remugles de fauve, l'odeur *sui generis* d'un homme peu enclin aux ablutions.

Un verre de J&B échoué entre ses cuisses, les yeux mi-clos, il écoutait la *Sixième* de Mahler, celle des grands soirs, celle qui dans son ouverture et sa conclusion en *la* mineur souligne la défaite du héros. Je savais qu'à ce niveau de mélancolie, il serait impossible de le faire remonter parmi les vivants. J'étais habituée aux coups de blues de mon père mais ce jour-là il régnait dans cette pièce une atmosphère particulièrement triste qui aurait dû m'alerter.

« Papa, c'est moi. »

J'ai allumé la petite lampe marine en opaline verte posée sur la table de travail. Je l'ai trouvé amaigri, comme aspiré de l'intérieur. C'est Luisa, à bout de patience et d'arguments, qui m'avait appelée à l'aide. Depuis le sabotage de mes armes, il était sombre, inaccessible, ne quittant son bureau que pour échapper aux lamentations de sa femme. Il passait de longues heures au téléphone ou sur son ordinateur.

«J'ai passé le probatoire, lui ai-je dit d'un ton enjoué, je t'ai laissé des messages…

— Verdier m'a dit.»

Ainsi, ils se connaissaient.

«Il m'a fait la misère, papa, ce type est monstrueux.»

J'ai démoli Verdier du mieux possible, soulignant la duplicité du personnage, insistant sur la perversité de ses méthodes.

«C'est un bon chef?

— Oui, mais…

— C'est la seule chose importante. Le reste, c'est du cinéma, pour impressionner les stagiaires. Il t'impressionne?»

Un coup sur la porte, Luisa est entrée avec un plateau. Midi trente. Mon père l'a suivie d'un regard plissé. Elle a posé le plateau sur le guéridon.

«Luisa, il paraît que Verdier est monstrueux. Pire que moi, tu dirais?»

Luisa m'a jeté un regard navré, il a bu une gorgée de whisky, un sourire tremblant aux lèvres.

«Dis à ta fille qu'il faut faire confiance au capitaine Verdier. Un ami de la famille.»

Imperturbable, Luisa a tiré les rideaux d'un coup sec. La lumière nous a fait cligner. Elle a quitté la pièce en refermant doucement la porte derrière elle. J'aurais voulu la retenir, redonner de la banalité à cet instant.

Rapiécer mon père avec une aiguille magique. Mais on ne répare pas ses parents.

Il faisait sans doute allusion à la grande famille que formait la gendarmerie. J'ai continué à lui rapporter les brimades subies sous le joug de cet instructeur dont j'étais devenue le souffre-douleur. Je n'ai pas mentionné le petit déjeuner de la veille. Je cherchais à le chauffer à blanc, pour qu'il lui casse la gueule, qu'il étouffe de sa colère paternelle l'attirance que j'avais développée en secret pour mon capitaine. Qu'il me protège de moi-même. Mais il a fait l'éloge de Verdier, un homme d'honneur, un type comme on n'en fait plus, la seule personne que je pouvais suivre les yeux fermés parce que lui, Jean-Pierre Olberg, ne serait pas toujours là pour couvrir mes conneries.

Si j'avais été moins égoïste, plus attentive, j'aurais sans doute été plus sensible à la grande fragilité de mon père ce jour-là. Mais toute à mon obsession de Jérôme Verdier, j'ai pris l'assentiment paternel pour une bénédiction et je suis repartie le cœur léger.

2

« Prends ton casque, on va faire un tour. »

Verdier affichait le sourire insolent de celui qui sait qu'on ne lui refusera rien, dès lors qu'il l'avait décidé.

Je suis restée plantée dans l'embrasure de la porte d'entrée, une main sur le chambranle, l'autre serrant un manuel de techniques d'extraction d'ADN, l'index coincé en marque-page. S'était-il seulement renseigné pour savoir si j'étais seule ? Je l'étais. Vincent était à Montpellier où je devais le rejoindre en fin d'après-midi, Virgile était à l'école.

J'étais heureuse de le voir. J'ai décroché mon casque intégral de la patère avec une certaine fébrilité. Il y avait un parfum d'aventure dans l'air, je pouvais bien m'accorder une parenthèse dans mes révisions. Et à mes principes, par la même occasion.

Sa moto, une BMW rouge vermillon, rutilait dans la chaleur de ce début d'après-midi.

« Belle bête.

— C'est la S100RR », a-t-il dit avec cette pointe de fierté propre aux hommes lorsqu'ils évoquent un bel engin ou le bijou d'une femme qui leur a coûté bonbon. « Quatre cylindres, cent cinquante chevaux, huit mille cinq cents tours minute. Vitesse maximum couchée : deux cent soixante-deux kilomètres heure…

— Ah oui, quand même. »

En m'accrochant à son bras, celui qui tenait la manette des gaz, j'ai lancé ma jambe gauche au-dessus de la selle, calant mes fesses sur le timbre poste qui servait de selle passager. Une belle moto d'égoïste. J'ai agrippé les parties métalliques sous le siège pour respecter les distances mais avec douceur et fermeté il a passé mon bras autour de sa taille. Nos casques étaient équipés d'un système acoustique qui nous permettait de nous parler sans relever la visière.

« Je ne voudrais pas que tu tombes. »

Moi non plus.

L'odeur allemande de la moto était rassurante, semblable à l'intérieur d'une vieille Mercedes 250 SL, celle à cuirs rouges que j'aurais rêvé conduire. La moto s'est arrachée dans un bruit de tonnerre. Après avoir traversé Satory à une vitesse réglementaire, nous nous sommes engagés sur une route nationale, parallèle à l'autoroute A13. Il a accéléré sans se préoccuper des radars, avalant la route à folle allure. Le ronronnement du moteur ponctué par l'embrayage velouté me berçait, j'ai posé ma tête sur le dos en cuir du pilote.

Les paysages avaient changé, j'avais dû m'assoupir un certain temps. J'ai vu passer le panneau Toussus-le Noble. Nous avons ralenti à l'entrée d'un aérodrome militaire, un garde a salué Verdier, nous avons emprunté un chemin mal goudronné. Un type en combinaison nous attendait au pied d'un King Air 90, Verdier s'est garé, je suis descendue de la moto, intriguée.

Avec la complicité de celui qui tenait les commandes ce jour-là, Verdier avait imaginé une méthode infaillible pour me changer les idées : deux heures de montagnes russes à bord d'un petit avion à hélices, à deux cents mètres au-dessus du sol. Les deux hommes se félicitaient en riant de leurs acrobaties. Assise derrière eux, mes tripes valsaient, mais leurs jeux idiots m'ont aidée à oublier les complications de ma vie.

Après le déjeuner, Verdier m'a demandé si j'avais déjà sauté en base jump, un sport extrême et extrêmement dangereux qui consiste à sauter d'un immeuble, d'une antenne, d'un pont ou d'une falaise avant d'ouvrir son parachute au dernier moment. J'ai regardé l'avion dont les moteurs tournaient au ralenti, puis Verdier, puis encore l'avion, en me vissant mentalement un index sur la tempe.

« Je connais des mecs qui ont déjà vingt-cinq mille sauts en parachute derrière eux et qui préféreraient crever plutôt que sauter en base jump d'un avion !

— Il ne s'agit pas de sauter, a rectifié Verdier l'œil allumé, mais de tomber. Avec style. »

Ce type était complètement farci.

Feu. La fortune sourit aux audacieux.

Dans un hangar derrière le petit restaurant de l'aérodrome, Verdier m'a équipée du fameux wingsuit, une combinaison souple en forme d'aile de Batman. J'aimais le contact de ses mains précises ajustant le latex sur mon corps, faisant claquer la matière sur ma peau comme des bulles de Malabar. Un coup d'œil dans le rétroviseur d'un King Air 200 en réparation m'a confirmé la triste réalité : je ressemblais à une chauve-souris, blanche avec des rayures rouges.

L'avion a pris de l'altitude. À mille cinq cents mètres, Verdier a levé son pouce. Il a ouvert la porte de l'avion et m'a obligée à rester longtemps assise au bord du vide. Une pluie fine cinglait mon visage. J'ai senti un bouchon sauter au plus profond de moi-même. Les émotions ont afflué, j'ai ri, j'ai pleuré. En sautant dans le vide, j'ai hurlé de joie. Verdier était derrière moi.

La combinaison en se gonflant d'air transformait une partie de la vitesse verticale en vitesse horizontale. Pendant trois minutes, nous sommes passés de la chute au vol libre. Nous nous sommes stabilisés aux alentours de deux cents kilomètres heure. En volant ainsi comme un oiseau, plus je dominais mes peurs, plus je me projetais dans l'inconnu avec une sensation de plaisir retrouvé.

La terre s'est rapprochée, vite. Verdier m'a fait signe d'ouvrir mon parachute, mais je ne l'ai pas écouté, il allait voir ce dont j'étais capable. Je suis descendue encore un peu, nous verrions bien celui de nous deux qui aurait le plus de couilles.

Il m'a rattrapée, a tiré sur la sangle de mon parachute qui s'est ouvert dans un claquement de voile.

Nous avons touché le sol. Je souriais, il avait tenu parole, j'étais en train de retrouver le chemin de moi-même.

Il a couru vers moi et m'a secouée avec violence.

« Tu aurais pu nous tuer, ne refais jamais ça ! » Sa voix était blanche.

En attendant, j'avais raté mon train pour Montpellier.

3

Il s'est levé le premier, sans me prendre dans ses bras ni m'embrasser.

Les yeux encore fermés, j'ai perçu chacun de ses mouvements, le bruit du rasoir sur sa joue, la brosse passée rageusement sur les dents, la baignoire enjambée, la serviette décrochée pour se sécher. Lorsqu'il sortirait de la salle de bains, je trouverais les mots pour réparer notre vie, mise à mal depuis son retour de Montpellier. Je n'avais pas su me justifier. Les semaines précédentes, il s'était inquiété, puis avait cherché à comprendre : avait-il fait quelque chose de mal, est-ce que j'avais rencontré quelqu'un, est-ce que je l'aimais encore ? Je n'avais répondu que par des silences, la gorge nouée.

Tout se fissurait autour de moi, je vivais en apesanteur parce que Vincent et Verdier existaient en même temps. Parce que je ne pouvais me résoudre ni à parler à l'un ni à rassurer l'autre, et que mes insomnies me faisaient le teint d'une morte vivante, comme disait Luisa qui m'avait croisée au supermarché. Elle m'avait examinée devant tout le monde, avec l'expertise que lui conféraient toutes les maladies qu'elle avait bravées au cours de sa carrière de mère.

Comment expliquer à Vincent que ce n'était pas parce que j'étais attirée par un autre que je ne l'aimais plus ? Je n'avais pas assez de courage pour lui parler de Verdier, un reste d'instinct me retenait de tout faire valser. Alors, je m'étais tue et depuis nous vivions en silence, retenant les mots avant qu'ils ne deviennent des coups. Depuis presque un mois, je n'avais pas revu Verdier. Parti en mission dans le sud de la France, il commençait à pâlir dans mon souvenir. Il m'arrivait même, certains jours, de ne pas penser du tout à lui.

La veille, j'étais rentrée tard à la maison. Vincent m'attendait dans la cuisine, l'œil noir, les bras très très croisés.

« Où étais-tu ? Tu as vu l'heure ?

— À la danse.

— Tu ne me fais pas rire, Fine. »

Il avait voulu *faire le point* et je m'étais préparée à un interrogatoire serré. Ça se passe toujours comme ça dans les histoires de cocus, un mari fâché qui n'a pas tort, exigeant qu'on lui rende compte, une femme ennuyée, déjà absente.

« Ça ne peut pas durer ainsi, disait-il, je ne te suis plus, nous ferions mieux de nous séparer. »

Je tentais de me faire petite, de réduire la voilure au maximum, de ne pas attiser sa colère. Ne te fâche pas, je suis désolée, non je ne peux pas mieux faire, oui je suis égoïste, pardon. Vincent arpentait la cuisine dans des va-et-vient secs et furieux, faisant valdinguer le dossier d'une chaise, se retenant à la table, aux murs. Il criait, les éclats de sa voix me parvenaient de loin en loin, rendus inoffensifs par la couche d'indifférence qu'ils devaient traverser pour m'atteindre.

Ce soir-là, j'avais dormi sur le vieux canapé du salon.

Je me suis réveillée avec l'aube, chiffonnée dans mes habits de la veille, hagarde, complètement décalée comme lorsque l'on revient d'un grand voyage avec le mal de cœur, sans repères. J'avais beau me dire qu'il fallait faire vite, je ne pouvais pas bouger. J'étais vide, sans courage. J'aurais voulu ranger ce désordre intérieur, déblayer les ruines, rassembler les morceaux encore intacts. Je me donnais des petits coups de pied au cul, des ordres secrets, parfois doux, parfois violents, contradictoires : ne t'inquiète pas Delphine, reprends-toi ma pauvre fille. Cent fois, j'ai pris mon téléphone pour appeler à l'aide, pour entendre le rire de mon père, mais que vas-tu imaginer ma fille, comment peux-tu croire un instant que Verdier puisse s'intéresser à toi, il pourrait être ton père, allons. Je tournais en rond à l'intérieur de moi-même, incapable de réagir.

Pas facile de retourner sa vie quand elle pèse une tonne.

Il est sorti de la salle de bains sans un regard, comme si je n'étais pas là. La froideur de Vincent me tourmentait. Je l'entendais préparer son petit déjeuner : la porte du frigo qui claque, le bol sorti du placard. Il ne m'apporterait pas mon café au lit. Je devais absolument me lever, il allait partir. Il fallait briser ce silence qui s'était installé entre nous comme un poison. J'allais rentrer dans la cuisine, entourer son dos de mes bras, lui dire que tout cela n'était pas grave, que l'orage était passé, que je l'aimais toujours : je devais parer au plus pressé, il serait toujours temps par la suite de savoir si cela était vrai ou non.

La porte s'est refermée avant que je puisse poser un pied à terre. Il n'est pas rentré déjeuner. Si cela lui arrivait parfois de partager un morceau avec un collègue après ses cours de piscine, cette fois-ci, je m'en suis inquiétée. Et s'il ne revenait jamais ? S'il lui était arrivé quelque chose de grave ? Et si son comportement était le prélude d'un raptus suicidaire parce qu'il était trop malheureux à l'idée de me perdre ? La nuit tombait, Virgile jouait dans sa chambre et je pleurais sur mon infortune, sur le cadavre de Vincent.

La clé a tourné dans la serrure et il est apparu dans une forme splendide, plus vivant que jamais. Il m'a demandé des nouvelles de ma journée et comme je répondais laconiquement, il s'est assis devant un match de foot après avoir décapsulé une bière.

Je me suis détachée, subitement. Puisque d'épouse adorée je devenais épouse délaissée, tout rentrait dans un ordre qui me convenait assez. Je lui ai dit que j'allais m'entraîner, il n'a rien répondu.

J'ai passé un long moment à errer dans les bois de Satory. L'odeur du blouson en cuir de Verdier ne me lâchait pas.

4

Direction générale de la gendarmerie à Malakoff, Bureau du recrutement et des examens. Pendant trois jours nous allions subir une série de tests d'aptitude psychologiques pour analyser notre personnalité et notre stabilité émotionnelle. Plus de deux mille questions de toutes sortes, des entretiens poussés avec un psy, mais aussi des tests psychotechniques avec du calcul, de la géométrie. Des questions idiotes comme : « Comment réagissez-vous face à un camarade blessé ? Vous le soignez, vous l'abandonnez ? » Ils allaient refaire le déroulé de ma vie professionnelle, questionner mes motivations pour postuler, il y aurait beaucoup de questions sur le GIGN. Ils aborderaient aussi les problématiques personnelles : avez-vous des soucis de famille, d'argent ? Au moins, j'étais tranquille, personne n'irait jusqu'à me demander si j'avais déjà tué quelqu'un. Comme quoi, leurs tests ne valaient pas grand-chose.

Ce serait la dernière étape avant la formation interne qui m'amènerait enfin à l'obtention du brevet et à l'intégration définitive au Groupe. Verdier faisait partie de la commission, je m'en réjouissais secrètement. Nos relations étaient apaisées, il ne semblait pas m'en vouloir pour le saut en parachute et je gardais mes fantasmes par-devers moi. Je n'étais peut-être pas très douée pour les rapports humains, mais je faisais confiance à mon instinct, il me soufflait de ne pas avancer sur ce front-là. Si quelque chose devait se nouer entre nous, il saurait me faire signe. Ce qui ne m'empêchait pas de chercher toutes les occasions de le croiser et de ne pouvoir maîtriser les battements de mon cœur dès que je le voyais.

J'ai passé les écrits sans trop de difficultés. Tout se terminait par un entretien dans le bureau des instructeurs. La salle était basse de plafond, déprimante, éclairée par des leds. Le seul élément un peu riant était un tableau à feuilles mobiles blanches, posé sur le sol comme une aigrette à trois pattes. D'une réunion précédente, il restait le tracé de deux chemins croisés en pointillé. J'y ai vu mon chemin de croix.

Ils étaient une demi-douzaine, assis derrière une table rectangulaire fixée sur une estrade. Des instructeurs, des formateurs, tous en uniforme, que des super gendarmes du GIGN arborant le masque de fer. Parmi eux, Verdier, Janviers, Saligny et Chantagret. Ils m'ont scrutée de leurs regards neutres, un temps suffisamment long pour que j'aie l'impression d'être mise à poil. Verdier prenait des notes. J'attendais au garde-à-vous près de la porte que l'on m'autorise à avancer.

« Gendarme Olberg, à vos ordres mon colonel », ai-je répondu enfin quand on m'a invitée à entrer.

Je m'adressais au colonel Janviers, le plus haut gradé, qui commandait le GIGN, notre chef à tous.

Surnommé JNR, selon l'habitude des trois lettres, mais aussi parce que c'était l'acronyme de *Je Note Rien*, pour sa phénoménale mémoire qui lui permettait de citer chiffres, dates, détails, qu'il n'avait lus qu'une seule fois, le colonel Étienne Janviers était un bel homme à mon goût. Mince, aux tempes grisonnantes, le regard clair, affable. Un officier bien différent des vieilles badernes que l'armée produit à la douzaine. Précis, énergique, il savait tout. À quarante-huit ans, il courait encore le marathon en trois heures et n'était jamais ridicule lorsqu'il s'agissait, pour impressionner les jeunes, de cabrer une des motos d'intervention sur la roue arrière. C'est lui qui nous avait accueillis le premier jour. Il nous avait demandé d'être compétents, travailleurs, de nous faire une haute idée de notre parcours. « Vous êtes là pour apprendre et pour vous poser la question : "Est-ce que je suis fait pour ce métier, est-ce que je ne me mens pas ?" » J'avais pu répondre à cette question le jour où Simone m'avait recueillie chez elle après mon accident de moto : voulais-je vraiment rentrer au GIGN ? En mentant à mes supérieurs, à mes camarades, en dissimulant un crime ? La réponse était oui, oui, oui et oui. Je pouvais regarder mon colonel dans les yeux : même si je mentais aux autres, je ne me mentais pas, j'étais faite pour ce métier.

À la droite du colonel Janviers, j'ai retrouvé l'adjudante-cheffe Chantagret qui me dévisageait de ses yeux verts, tel Kaa, le serpent enjôleur et maléfique du *Livre de la jungle*. Le colonel Janviers s'est adressé à moi en premier.

« Repos. »

Chantagret m'a indiqué un tabouret à trois pieds en face de l'estrade.

« Olberg, a repris Janviers, nous avons reçu votre fiche de vœux, vous souhaitez intégrer la force Observation Recherche. »

Je ne sais pas pourquoi, mon instinct sans doute : j'ai su à ce moment précis que je ne serais pas retenue. J'ai entrepris de tout bousculer. J'ai glissé malgré moi vers l'avant du tabouret et je me suis redressée pour répondre.

« Oui mon colonel, mais en fait, ce que je souhaiterais vraiment, c'est intégrer la force Intervention. Le poids et la force ne sont plus les mêmes critères qu'avant, une femme peut porter le bouclier. Au début, c'est vrai, j'ai douté de mes capacités par rapport à un homme, mais j'ai un certain élan, pas de problème de stress, une intuition sur la façon de me positionner. D'ailleurs, j'ai souvent pris la tête de la colonne pendant les exercices, j'ai le sens de l'initiative. »

Échange de regards consternés, silences.

Leur suggérer d'embrasser le cul de leur mère aurait été mieux perçu. Une femme ne demandait pas la force Intervention, le sanctuaire, la forteresse imprenable.

Un vent glacial a fait le tour de la pièce. Janviers s'est raclé la gorge :

« C'est vraiment formidable d'être arrivée jusque-là, Olberg. » Il regardait ses papiers. Vous êtes au top sur le plan physique, avec un très bon moral, vos notes sont excellentes. Vous pourriez intégrer la FSP[1] ou même un GOS mais la FOR vous conviendrait mieux.

Mon instinct m'aurait-il trompée ? Avaient-ils finalement l'intention de me prendre à la FOR ? J'ai repris espoir.

L'atmosphère s'est détendue, la température de la pièce était passée de –40° à –38°. J'ai recommencé à glisser du tabouret.

Le capitaine Denis Lormac, un des instructeurs sportifs, m'a renvoyée dans les cordes.

« Tu n'as pas de bras, DOG, tu as complètement foiré la quatre-brins. »

La quatre-brins, l'exercice le plus redouté du parcours. Quatre bouts de corde de onze millimètres avec lesquels il fallait se hisser au premier étage d'un bâtiment. J'avais toujours terminé les mains en sang. Ok, j'avais foiré la quatre-brins, mais j'avais une marge de progression. Je me suis bien gardée de répondre.

Et ce putain de tabouret qui glissait encore et encore. J'ai commencé à le sentir dans les adducteurs.

« Vous vous économisez sur les tractions, a renchéri Saligny. C'est inadmissible. »

Il me vouvoyait maintenant. Je ne pouvais pas laisser passer ça, quelle salope ce mec.

« C'est faux !

— Taisez-vous ! »

Janviers a tempéré :

« Les limites que vous vous fixez ne sont pas vos vraies limites, vous en êtes consciente, Olberg ? »

1. Protection des ambassades à l'étranger.

Il n'avait pas tort.

« Oui, mon colonel. Donnez-moi les moyens d'y arriver ! »

Et j'ai pensé dans mon for intérieur : tirez la chevillette et la bobinette cherra, mon colonel. Prenez-moi au GIGN et les verrous sauteront, j'exploserai les limites.

Je me suis levée et j'ai soulevé le tabouret pour l'examiner de plus près : il avait un pied plus court que l'autre. La vieille méthode que les Turcs utilisent dans les séances de torture. Des sourires narquois ont fleuri sur le visage de mes interlocuteurs. Ces farceurs m'avaient fait une blagounette. J'ai dégainé mon Beretta devant l'assemblée médusée. J'ai fait sauter une cartouche du chargeur quinze coups pour la caler sous le pied trop court du tabouret et me suis rassise. Verdier a souri, j'avais marqué un point.

Janviers m'a posé des questions sur ma vie familiale, que j'ai décrite la plus équilibrée possible. On m'a demandé comment je ferais avec un enfant en bas âge si j'étais mobilisée pour une mission de longue durée. Nous y étions. Zone rouge. Virgile, mon enfant, mon talon d'Achille. J'ai mesuré l'importance de ma réponse. J'ai expliqué en détail notre organisation, le rôle de Vincent dans ce dispositif.

Le scud est arrivé sur ma gauche, par Chantagret :

« Vous préférez le GIGN à votre enfant ? »

La question était si violente que j'ai pris sur moi pour ne pas lui sauter à la gorge.

« Non, bien sûr, et avec tout le respect que je vous dois, mon adjudante-cheffe, c'est une question dégueulasse. Surtout de la part d'une femme, même si vous n'avez pas d'enfant, et que vous êtes bien mal placée pour apprécier ma réponse. »

Janviers est intervenu.

« Faites attention Olberg, vous dépassez les bornes ! »

Chantagret a affiché un petit sourire de satisfaction. Elle avait réussi à me déstabiliser. Elle a parcouru ses notes, a trouvé ce qu'elle cherchait, a glissé un papier à Verdier avant de porter l'estocade.

« Gendarme Olberg, dans le bus, vous avez choisi de sauver l'enfant noir parce que le Blanc vous rappelait votre fils. C'est bien ça, capitaine Verdier ? La preuve que votre enfant interfère avec votre métier, non ? » a-t-elle ajouté avec une douceur calculée, le nez dans ses notes.

Elle a relevé la tête. J'ai regardé Verdier sans y croire, lui seul avait pu lui raconter la scène.

« Vous avez mis de l'affect dans une mission d'intervention, a-t-elle enchaîné. Vous n'avez pas su être impartiale. Car le bon choix à faire, le seul, c'était de sauver les deux enfants. Vous n'avez pas le niveau. »

Le coup m'a fait l'effet d'une balle en plein cœur. Un souffle glacé s'échappait par le trou béant que Verdier venait de percer. J'ai tourné la tête vers lui. Je ne le reconnaissais plus, il était flou. J'ai essuyé mes yeux d'un revers de manche. Il a soutenu mon regard sans émotion.

Ils m'ont rendu mon portable de service, confisqué pendant la durée du stage probatoire. C'était le signal de fin.

La commission a donné un avis défavorable à mon admission au GIGN. Bien joué, capitaine Verdier, vous avez gagné.

5

Je suis rentrée à la maison, le cœur gonflé à l'hélium. J'avais tout perdu, mes rêves, celui d'une autre vie, l'estime de soi. Libérée de toute contrainte, face au vide abyssal qui s'ouvrait devant moi, je marchais d'un pas léger. Plus rien n'avait d'importance, je n'avais qu'une hâte, retrouver les miens et tourner la page. Blandine me faisait la leçon, mais je m'en fichais. J'allais tout réparer, construire une vie simple, avec Vincent et Virgile à mes côtés. Oubliés, Verdier, Chantagret et les autres. Les secrets de mon père m'étaient indifférents. Quel besoin avais-je d'aller soulever toutes ces pierres, autant de cailloux qui m'empêchaient d'avancer. J'ai ri dans le vent, j'étais passée à deux doigts de la catastrophe. Une violente envie de préparer une tarte aux pommes m'a fait presser le pas ; l'odeur du crumble m'a mis l'eau à la bouche.

Vincent avait tout emporté.

Pas les meubles, juste quelques vêtements et l'essentiel, ma raison de vivre. Un mot dans la cuisine pour me dire de ne pas oublier Virgile cet après-midi. Sa clé sur la table du salon. Il était parti et ne reviendrait pas.

Un cœur brisé n'est pas qu'une façon de parler. Quelque chose s'est cassé dans ma poitrine, des griffes acérées labouraient mon chagrin, souvent jusqu'à l'os. C'était le prix de mon inconséquence. Je me suis accrochée, passagère solitaire de mon petit wagon. Les jours qui ont suivi, j'ai continué à vivre, à respirer, à m'occuper de Virgile, à qui je reprochais en silence de lui ressembler tant. J'avançais mais je marchais de travers, me cognant aux choses, aux gens, à des pensées, noires comme un trou. Comme Virgile, j'aurais voulu rentrer dans le ventre de Luisa avec mon doudou. Mourir m'a tentée mais j'étais trop lâche. J'ai pris des risques insensés dans mon boulot, cherchant la mort subite : nager trop longtemps dans de l'eau glacée, conduire trop vite, traverser la rue les yeux fermés. La mort me frôlait puis me contournait. Maintenant il fallait vivre, sans Vincent. Certains matins, après une nuit sans sommeil, alors que les poulpiquets m'avaient épargnée, je l'extirpais de moi comme une écharde douloureuse. Mais dès que chien et loup revenaient, il me manquait trop et je sifflais mes souvenirs au pied. « Tu es ma femme pour toujours », avait-il dit un jour. Sur le moment, j'avais souri de ces mots d'enfant, n'y avais pas prêté plus d'attention que cela, malgré l'air grave avec lequel il les avait prononcés. Et voilà qu'ils me revenaient, criant famine dans mon inconscient enfiévré. Je les répétais comme un mantra, « Je suis ta femme pour toujours ». Alors Vincent réapparaissait, magnifique, souriant, éternel. Il reprenait sa place, toute la place.

Je l'ai cherché partout, comme on cherche un enfant fugueur. J'ai harcelé ses amis, je l'ai attendu où il pouvait se trouver. J'étais obsédée par l'idée de l'entendre, de le toucher, de le sentir.

Un dimanche matin, j'ai ouvert les placards de notre chambre, contemplé les étagères vides. Sur la plus haute, j'ai tiré un pull-over que je croyais être à lui, mais j'ai reconnu le pull aux jacquards de couleur avec son col cheminée à fermeture éclair, prêté par mon père. Je l'ai revu jeter le chandail sur mes épaules un soir de fin d'été où nous dînions sur leur terrasse.

J'ai enfoui mon nez dans la laine et me suis laissé envelopper par son parfum de toujours, Pour un Homme, de Caron. Deux notes florales dominantes, violentes, contradictoires, follement sensuelles. La puissance fraîche et piquante de la lavande qui se love sans complexe dans la chaleur et la suavité de la vanille. Je me suis accrochée à cette odeur paternelle, réconfortante, seul vestige d'un bonheur révolu.

La lavande. Mes sinus en étaient saturés. Le tempo de mon cœur s'est accéléré, les lumières de la chambre m'ont aveuglée, j'ai failli perdre connaissance. J'ai remonté le tunnel du passé à toute allure, guidée par le parfum de lavande, pour me retrouver couchée sous le corps de mon agresseur dans le salon des parents.

Comment se pouvait-il que cette odeur de lavande, humée ce soir-là, six ans auparavant, soit aussi le parfum de mon père ?

6

Il faisait froid dans l'habitacle de la petite Peugeot. En planque avec Paulin depuis l'aube, les pensées les plus glauques tournaient dans ma tête. La gorgée de café tiédasse, avalée dans un gobelet de polystyrène, m'a semblé bien amère. J'aurais pu tout imaginer de mon père, sauf qu'il puisse être un lâche. Hélas, mes sens ne pouvaient pas me tromper, cette odeur de lavande, son odeur à lui, était trop prégnante, il était présent ce soir-là, j'en étais sûre. Imaginer que mon père ait pu regarder cet homme me baiser me rendait folle. Cette fois-ci, il ne m'échapperait pas, j'exigerais toute la vérité.

Paulin a reçu un appel dans son oreillette. Un bref échange et mon ami a tourné vers moi un visage livide. Il a coupé la communication puis m'a demandé de descendre de la voiture. Je me suis exécutée, l'habitude d'obéir. Sur le trottoir, il a exigé que je lui remette mon arme. Procédure de prévention. Pas bon signe. Il a ouvert la bouche pour parler et je me suis jetée sur lui pour le faire taire.

7

Les gendarmes venaient de retrouver sa voiture. Le 4×4 faisait face à l'étang Braque, à hauteur du bois Robert, un des étangs de la Minière de la forêt de Versailles, en aval de la source de la Bièvre. Pas loin de l'endroit où je l'avais empêché de mourir seize ans plus tôt. Tout ça pour ça. Jean-Pierre Olberg s'était collé une balle dans la tempe droite avec son MAC 50 réglementaire.

Virgile avait faim, je lui ai préparé un croque-monsieur pendant qu'à moitié allongé sur la table de la cuisine il dessinait un char à voile pour son grand-père. Debout devant la cuisinière, les mains dans le gruyère, j'ai reconstitué pour ne pas m'effondrer le travail que les gendarmes allaient effectuer sur la scène du suicide.

Ce qui les frapperait en arrivant sur les lieux serait l'opacité des vitres avant et celle du pare-brise de la voiture. En s'approchant, c'est un trou d'un ou deux centimètres de diamètre dans le toit qu'ils apercevraient, le métal retourné vers l'extérieur, comme le canon des fusils qui explose en marguerite dans les dessins animés de Tex Avery. Ils comprendraient qu'une balle, tirée de l'intérieur, était sortie par là, poussant tout sur son passage. À la traversée du projectile, lorsque le canon est placé sous le menton, la boîte crânienne éclate et projette dans l'habitacle tout ce qu'elle contient et qui fait la vie. Les vitres en seront couvertes. Les techniciens sauraient qu'à côté de ce magma de sang, de matière cérébrale, de fragments d'os, ils allaient trouver le cerveau, au sol, curieusement moins éparpillé que le reste des organes.

Le spectacle sera moche, mais ils ont l'habitude. Malgré tout, le visage du plus vieux se recouvrira d'une fine pellicule de sueur, sa main tremblera légèrement : c'est l'un d'entre eux qui s'était donné la mort, ça le touchera, forcément. Il sera d'autant plus appliqué qu'il s'agit d'un militaire de l'Arme, et que toute la hiérarchie, flippée, demandera sans cesse où en est l'enquête.

Il ne pourra s'empêcher de noter que le mort avait épinglé toutes ses décorations sur sa veste. Sur le siège passager, dans son képi retourné, insérée dans la doublure, les gendarmes retrouveront peut-être une photo de moi, souriante, en uniforme. Maculée de sang. Le technicien prendra les mesures, la position du corps. Le recul du siège, l'inclinaison du rétroviseur central et des extérieurs, l'inclinaison du volant.

J'ai penché la tête, malgré moi, épousant le mouvement des choses. Un coup sec du poignet a fait retomber le croque-monsieur dans la poêle. Virgile m'a demandé combien de roues il fallait dessiner au char à voile. Ça dépend. Parfois trois, parfois quatre.

Pendant que l'un des hommes photographiera les lieux et la voiture sous tous les angles, un autre répertoriera les indices, puis ils feront les prélèvements et la recherche de l'ADN, par le frottement d'un coton-tige humidifié. Dans une voiture, trois cotons-tiges maximum, dit le protocole, mais là, pour la mort d'un officier, ils blinderont : une dizaine au moins.

Puis viendra l'acte le plus important dans le cas d'une suspicion de suicide, pour *fermer la porte*, en langage d'enquêteur : l'étude des projections de métaux lourds libérés par le tir, sur les mains de la victime.

Enfin, mais ce qui précède aura pris plusieurs heures, ce sera la levée du corps et les premières constatations du médecin légiste. Un gendarme apportera le body bag, le sac à viande en français, et on l'emportera vers l'institut médico-légal désigné par le proc, pour l'autopsie.

C'est là que je l'ai retrouvé, mon papa. Il était froid. Jaune pâle comme la peinture des murs, la bouche ouverte, les yeux fermés, un trou de chaque côté de la tête. Il avait fait ça proprement, comme à son habitude.

Je n'ai pas pleuré. Vincent, alerté par Luisa, était revenu. Il m'attendait derrière la porte. Il m'a déposée à la maison et il est reparti. Il ne voulait pas rester, ça m'a fait de la peine.

Sur le tableau de bord, les gendarmes avaient repéré un mot, posé en évidence : « Dites à ma femme et à ma fille que je les aime. Delphine, je te demande pardon, le capitaine Verdier t'expliquera. »

8

« Présentez armes ! »

L'officier a salué :

« Aux morts ! »

Nous l'avons enterré au cimetière marin de Varengeville où reposait déjà Baba Lena.

Luisa avait demandé les honneurs militaires, il ne croyait pas en Dieu. La cérémonie fut simple et belle. Un piquet d'honneur au garde-à-vous, un officier à leur tête, le drapeau français sur le cercueil, son képi au centre.

La sonnerie aux morts, déchirante dans la brume de chaleur, a retenti au son du clairon. Les tombes en granit, au pied de la petite église Saint-Valery, surplombaient une falaise haute d'une centaine de mètres. Le ciel normand était couvert de métal. Le calme éternel de l'oiseau bleu en céramique posé sur la tombe de Georges Braque contrastait avec la mer, agitée, furieuse, pourtant moins démontée que moi.

J'ai aperçu les têtes de Vincent et de Virgile, plantés de l'autre côté de la tombe. Verdier, en uniforme, était venu avec Simone ; c'était chic de leur part d'avoir fait le voyage. Anesthésiée par cette mort brutale, je n'ai pas su me réjouir de leur présence.

J'ai pensé à mon père, à ses derniers instants. Une impulsion fébrile avait dû s'emparer de lui, le fameux raptus, une urgence du passage à l'acte qui, si elle est déminée à temps, passe comme l'envie de fumer. Je l'ai revu dans son fauteuil un verre de whisky à la main, claquemuré dans son bureau et ses idées suicidaires. Ni Luisa ni moi n'avions su le retenir. Je lui en voulais d'être parti comme ça, de me laisser sur une trahison. Son comportement était indigne d'un homme d'honneur.

Son corps allongé dans le cercueil de mélèze m'obsédait. Il devait avoir un teint éclatant, ce que l'on appelle le *zénith du cadavre.* Ensuite, ça irait plus ou moins vite, mais comme nous n'avions pas discuté le forfait embaumement à six cents euros TTC, les tissus et les organes se liquéfieraient plus lentement. La matière organique restante serait bientôt consommée par les insectes, notamment les larves de mouches bleues, la même *alliphora vomitoria,* bleu clair métallisée avec des marques noires qui se pose sur le pâté pendant les pique-niques. Les protéines contenues dans les os se décomposeraient en partie pour se transformer en poussière, alimentant le sol et les végétaux. La nature est bien faite. Un organisme pouvait mettre jusqu'à cinquante ans pour disparaître totalement dans un cercueil de qualité. Vive le carton, avais-je dit à Luisa dans un sursaut écologique ; elle n'avait rien voulu entendre.

À la fin de l'éloge funèbre, j'ai pris sa main, une petite main froide et sèche, moins épaisse qu'une patte de poulet, fondante dans la mienne. Luisa ne pleurait pas, elle fixait l'horizon, pâle. Elle avait eu un moment de faiblesse en s'appuyant sur moi lorsque la corde de chanvre avait crissé sous le poids du mort.

Virgile avait jeté avec précaution son doudou dans la tombe. La peluche avait rebondi sur le couvercle du cercueil. Nous avions beaucoup parlé de la mort de son grand-père. Si je l'avais écouté, il aurait fallu mettre dans la tombe un sandwich au jambon de Bayonne, un paquet de Traou Mad, un exemplaire de *La Petite Taupe qui voulait savoir qui lui avait fait sur la tête* et la collection complète des soldats de l'Empereur. Virgile avait peur que son grand-père ait faim, qu'il nous oublie. Je l'avais convaincu du contraire, s'il prenait l'habitude de lui parler régulièrement. Les morts s'ennuient là-haut, il ne faut pas hésiter à les mettre à contribution, même pour les petites choses de la vie. Ils savent très bien surveiller notre voiture en double file, nous aider à négocier une augmentation ou empêcher la pluie contre l'avis de la météo. Rien ne les rebute si on leur parle gentiment. Pour accompagner son grand-père, nous avions tranché sur Zoupinou numéro deux, la réplique de Zoupinou numéro un que Verdier ici présent avait balancé pour me punir dans les marécages.

Virgile voulait savoir pourquoi il était mort.

« Le bon Dieu avait besoin de lui. »

Virgile savait que Jean-Pierre Olberg était un homme de devoir, un homme qui obéissait aux ordres. Cette explication avait semblé lui convenir.

Nous sommes restés longtemps à regarder la tombe après le départ du petit groupe, comme s'il pouvait encore jaillir de son trou ou simplement parce qu'il est difficile de tourner le dos à ceux que l'on ne reverra jamais. Par respect pour les défunts, on devrait sortir à reculons des cimetières.

Jérôme Verdier s'est avancé vers nous. Il nous a saluées militairement, Luisa et moi. D'un geste affectueux, Luisa a posé la main sur son bras. Il m'a remis une lettre cachetée, trouvée dans la poche du mort, puis il a tourné les talons. Simone l'attendait près du portail, toute vêtue de noir avec son vieux sac ridé sur les genoux.

Je suis restée seule avec Luisa.

« Je ne savais pas que tu connaissais si bien Verdier. »

Naturellement douée pour le mensonge, entourée d'une famille de mythos, formée professionnellement à la dissimulation, j'ai acquis au cours de ma formation des outils infaillibles sur la détection du bobard. Les gens qui disent la vérité ont tendance à utiliser un vocabulaire plus grand que les menteurs. Un menteur qui réfléchit intensément aura, lui, tendance à répéter le même mot, encore et encore, sur une période très courte.

« Si bien, si bien, pas si bien que ça, a-t-elle éludé. Une relation de ton père. »

J'ai insisté.

« Quand l'as-tu rencontré ? »

La profusion de détails donnés dans une réponse est une autre indication. Quelqu'un qui dit la vérité a tendance à livrer beaucoup d'informations alors que le menteur a plutôt tendance à donner un récit vague.

Luisa a écarté une mèche de son visage.

« Je ne sais plus, il y a longtemps. »

Il faut écouter ce que disent les menteurs et la façon dont ils le disent, sans prêter attention à la manière dont ils se comportent. N'importe quel joueur de poker vous dira à quel point il est facile de contrôler son visage. C'est un mythe de croire que lorsque les gens mentent, ils bougent beaucoup, deviennent nerveux. Pas du tout. En fait, un vrai menteur réfléchit très vite. Pour ne pas disperser son énergie, il la concentre sur le mensonge et reste immobile.

Les menteurs qui savent mentir se font rarement repérer. Quand ils mentent, ils n'évitent pas le regard, ne regardent ni à droite ni à gauche, ne se grattent pas le nez. Les menteurs savent que ce sont là des clichés que leurs interlocuteurs attendent.

Le regard sombre de Luisa s'est planté dans le mien. Un peu trop longtemps. Elle s'est levée, dirigée vers la tombe et agenouillée pour arranger une couronne de fleurs.

« Il y a des choses que tu devrais savoir, Delphine. »

L'air s'est soudain saturé d'une odeur de putréfaction, pire que celle de tous les morts du cimetière réunis. Ça sentait l'irréparable, la vieille impasse décatie, la tristesse infinie, le remords, la charogne.

Luisa a tourné la tête vers la tombe, Jean-Pierre Olberg, 1965-2016. Il avait cinquante-deux ans. Lorsque nos regards se sont à nouveau croisés, les couleurs avaient quitté son visage. Elle était une femme du passé, en noir et blanc.

Nous sommes tombées d'un même élan, vidées, sur

un banc en bois branlant. Je lui ai passé un bras autour des épaules.

« Lorsque j'ai rencontré Jean-Pierre, j'avais dix-neuf ans, lui vingt-trois. Un an plus tard, il partait pour Kaboul. Il y est resté deux ans. À son retour, j'étais tombée amoureuse d'un autre. Une passion qui ne voulait pas d'enfant. Moi, j'en voulais. À son retour, Jean-Pierre m'aimait toujours, je l'ai épousé. Basta.

— C'est qui ?

— Donne-moi un peu de temps, Delphine. Le temps de faire le deuil d'une vie, de reprendre le cours d'une autre. Tu veux bien ? »

Un silence plein d'images bousculées s'est installé entre nous.

« Il faut que tu saches une chose très importante : tu es une enfant de l'amour. »

Ça me faisait une belle jambe.

« J'ai voulu te le dire cent fois et puis...

— C'est ton histoire, maman. »

Elle s'est libérée de mon étreinte. Elle regardait mon sac à main.

« Il t'a laissé une lettre. Tu ne l'ouvres pas ? »

J'ai sorti de mon sac l'enveloppe remise par Verdier. J'ai lu le courrier et l'ai refermé sans un mot.

« Moi, Jean-Pierre Olberg, sain de corps et d'esprit, déclare avoir tué Zubair Hukumat le 12 novembre 2010, dans mon salon à Satory avec mon arme personnelle, un MAC 50. Je l'ai roulé dans le tapis du salon et je l'ai enterré sous le terrain de foot. »

J'ai jeté la lettre en rentrant à la maison. Assez de mensonges, papa. Dis-moi plutôt ce que tu faisais ce soir-là, chez nous, pendant que ta fille se faisait violer.

9

J'ai regretté de ne pas avoir fermé la porte à clé. Depuis l'enterrement de papa, je restais à la maison, prostrée, incapable de sortir sauf pour m'occuper de Virgile. Négligée, le cheveu gras, je ruminais mes échecs. Tout était de ma faute, le départ de Vincent, la mort de mon père. L'éviction du GIGN, la trahison de Verdier.

J'entretenais ma colère comme on alimente le ventre d'une locomotive, à coups de pelle à charbon. Un vieux truc pour me donner de la force dans les moments de faiblesse. Verdier. Le traître, mon fossoyeur du GIGN. Comment avais-je pu relâcher mon attention, être attirée par ce type dont je savais pourtant qu'il fallait se méfier ? Comment avais-je pu dissimuler pendant six ans un viol, un meurtre, déjouer tous les pièges que les psys de l'armée m'avaient tendus sans percevoir ce danger-là ? Parce qu'il m'avait fait rire dans un café, un matin de solitude ? Je le haïssais. Davantage de m'avoir redonné confiance en l'homme que de m'avoir trahie. Je l'avais cru humain, accessible, sincère. Je l'avais cru beau. Quel flair DOG, bravo. Je me serais giflée.

Verdier est rentré chez moi sans frapper. Il a ôté sa veste et m'a rejointe dans la cuisine. Pour me donner une contenance, j'ai attaqué la vaisselle sale entassée dans l'évier.

« Je te présente mes condoléances, Delphine. Jean-Pierre était un ami, un homme bien, il nous manquera.

— Vous êtes un bel enculé », mon capitaine.

C'est sorti comme ça, sans émotion particulière.

Il a tiré une chaise, l'a retournée pour s'asseoir à califourchon. Je le voyais dans le reflet de la fenêtre. Il arborait le sourire enfantin de James Stewart, celui que Luisa adorait. J'ai continué à laver les bols, en prenant tout mon temps, comme si rien ne m'affectait, comme s'il n'existait pas. Il était séduisant. Inquiétant. Par quel sortilège avais-je pu une seule seconde m'enticher de ce type qui puait le malheur ?

« Tu es un élément dangereux pour le Groupe, DOG.

— Parce que je suis une femme et une maman ? Je sais très bien que vous en avez viré d'autres à cause de ça.

— Non, ce n'est pas ça. Tu es douée, intelligente, avec un mental très costaud. Pendant ces semaines de stage, tu as démontré que tu avais toutes les qualités requises pour intégrer le Groupe et même davantage. »

Bla-bla-bla.

« Mais il y a quelque chose de mortifère en toi. Un désespoir, une envie de crever. Tu n'as peur de rien et ça, c'est très dangereux. Pour toi et pour tes camarades. Il faut avoir peur d'être courageuse. »

Je l'écoutais sans l'entendre.

« À quoi ça sert de me dire tout ça, vous savez bien que c'est terminé pour moi. *Game over.*

— Remets de l'ordre dans ta tête. Je vais passer outre l'avis de la commission. Tu vas terminer ta formation. Parce que je crois en toi. Parce que tu peux apporter beaucoup au Groupe. Janviers est d'accord, tu es sous ma responsabilité. »

Comme un malinois classé au niveau quatre de risque de dangerosité, niveau maximal prévu par l'article D. 211-3-2 du code rural et de la pêche maritime ? Un clébard condamné à qui on donnerait une dernière chance ? J'étais tendue, sur les pattes arrière, babines retroussées. Verdier me la jouait à nouveau à l'envers.

« Mais il y a une condition à tout ça », a-t-il ajouté.

Je me suis retournée vers lui, prête à mordre.

« Il faut que je vous suce ? »

La vulgarité de ma proposition ne l'a pas ébranlé. C'était indigne de dire un truc pareil. Mon agressivité est retombée d'un coup. J'ai eu honte de moi.

« Non, je voudrais que tu me fasses confiance. Je peux t'aider à retrouver le chemin de toi-même.

— Je ne fais confiance à personne, capitaine. Surtout pas à vous.

— C'est à prendre ou à laisser. »

Il s'est levé.

« Et tu intégreras la FOR, ta place est là-bas. Va prendre une douche. Je t'attends. »

J'ai lâché l'éponge, me suis assise lourdement sur le carrelage. J'ai enfoui mon visage au creux de mes mains.

Les paroles de Verdier me touchaient. S'il avait raconté

l'histoire du bus à sa hiérarchie, m'a-t-il dit, c'était pour m'aider, pas pour m'enfoncer. Parce que mon choix démontrait que j'avais privilégié le sens du devoir à mon intérêt personnel.

« J'ai choisi de sauver l'enfant noir parce que ça faisait plus de points. J'aurais dû sauver les deux, Chantagret a raison. J'ai échoué. Ma vie n'est qu'un naufrage. »

Verdier a eu l'intelligence de ne pas insister.

Je me suis relevée, j'ai regardé le fond de l'évier, vide et sale. Comme moi. J'ai réfléchi à toute allure. Pourquoi ferais-je confiance à l'homme qui m'avait le plus malmenée de toute ma vie ?

Quel intérêt avait-il à me garder dans la formation ? Il avait enfin obtenu ce qu'il cherchait, se débarrasser de moi. Je ne comprenais pas sa stratégie. En tenant tête à ma hiérarchie, j'étais devenue plus illégitime que jamais. Je n'étais pas un élément assez important au sein du dispositif pour mériter cette seconde chance. Et puis, m'aider à retrouver le chemin de moi-même, quelle proposition bizarre ! Si j'étais complètement déboussolée à cet instant, la seule chose dont j'étais sûre, c'est que Verdier n'était pas la réincarnation de saint Thérèse de Lisieux. Que savait-il de moi ? Ma peau s'est couverte d'une transpiration glacée. Après tout, il était LE spécialiste de l'effraction froide, il pouvait rentrer où il voulait. Quel jeu jouait-il ? Ce type avait le pied sur la queue de la souris blessée, il n'allait pas tarder à porter le coup fatal, j'en avais le pressentiment. Verdier était un sale pervers. Je n'avais qu'à lui dire merde, cela m'éviterait bien des déconvenues.

Oui, mais sa proposition était excitante, je salivais comme le chien de Pavlov. Et j'avais envie de comprendre pourquoi mon bourreau me tendait la main.

« Delphine, ne joue pas avec le feu ! » me criait Blandine. Idiote, si la maison brûle, il restera la flamme. J'ai rangé l'éponge et coincé Blandine dans l'égouttoir. J'ai fait claquer les gants sur le rebord de l'évier et me suis tournée vers lui.

« D'accord. »

Il a eu le dernier mot.

« Je te garde dans la formation et te protégerai toujours en intervention, mais si tu mets en danger l'un de tes camarades, je te préviens, DOG, je te tuerai. »

VI

IV

1

Tout était en l'air à la caserne Pasquier. Dans la grande salle du réfectoire, on avait poussé les tables contre les murs pour laisser la place à un petit buffet. Un jeune gendarme adjoint, roux aux oreilles décollées, servait la sangria, les chips et le pâté en croûte. C'était la fête, la remise des brevets.

Comme dans mon rêve, je portais un gilet pare-balles avec, en son centre, un pigeon d'argile. Face à moi, à quinze mètres de distance, le meilleur tireur de la promo m'a mise en joue et a tiré. La cible d'argile a explosé, les applaudissements aussi.

Verdier avait accepté d'être mon parrain pendant la formation qui avait duré un peu plus d'un an. Il a accroché mon brevet sur mon uniforme, m'a balancé le coup de poing rituel dans l'épaule droite. La voix puissante de Janviers a résonné : « Portez-le haut et fier ! »

Chaque force a accueilli ses nouveaux venus en se ruant sur eux pour les féliciter, les porter et les faire sauter le plus haut possible. A commencé la soirée festive avec tous ses débordements : champagne aspergé sur tout ce qui bougeait (ou pas), verres cassés, jets de nourriture, tables retournées et j'en passe. Une orgie, un pétage de plomb complet. Ça nous a fait un bien fou.

Je faisais désormais partie du GIGN, dans la force Observation Recherche. De mes copains, il n'en restait plus que deux : Michalack à la FOR comme moi, Jan, mon camarade mauricien, à la force Intervention. Saligny n'avait pas réussi à avoir sa peau. Paulin n'avait pas été retenu, ils avaient jugé son moral aléatoire. Ils lui avaient reproché d'être trop gentil alors que je le savais solide, capable d'une vraie intégrité, pétri de valeurs qui se seraient épanouies au sein du Groupe. Il avait sangloté dans mes bras avant de monter dans le bus. J'avais perdu mon dernier ami.

Faire partie du GIGN aurait dû combler toutes mes ambitions, mais celles-ci s'étaient insidieusement déplacées. J'intégrais l'unité comme un bon petit soldat, mais le cœur n'y était plus. J'aurais échangé sans hésiter ce brevet obtenu de si haute lutte pour retrouver Vincent et notre vie banale. Mon travail m'occupait, et comme je réussissais mes missions, je parvenais, malgré moi, à mettre un pied devant l'autre. L'image de mon père a traversé mon esprit. Lui qui cultivait le quant-à-soi, le *Never explain, never complain*, m'avait transmis cette pudeur bien commode, élégante et noble. « Tu pleureras quand je serai mort », disait-il quand j'avais du chagrin. Résultat, je n'ai pas versé une larme depuis sa disparition. Papa et moi étions fâchés post-mortem. Je lui en voulais toujours d'être parti sans me donner d'explication. Je refusais de lui parler. Il se manifestait parfois. Un mot glissait d'un livre. « À ma petite fille chérie », avait-il griffonné d'une encre orange. Je le renvoyais dans les limbes. « Je te déteste, je n'ai pas envie de te parler. »

Ce soir, ceux qui comptaient pour moi étaient venus me soutenir. Sauf Vincent. Maman, fière et souriante, continuerait à inventer sa vie, je veillerais sur elle. Délivrée de mes inquiétudes paranoïaques, j'avais renoué avec Nathalie, fiancée à Hervé, propriétaire de deux magasins de fleurs à Versailles. Elle semblait apaisée.

Ma vie privée se résumait au bien-être de Virgile. Il était en train de piller le buffet avec méthode et gourmandise, coaché par Simone qui, comme à son habitude, n'en perdait pas une miette, au propre comme au figuré.

La fête terminée, Verdier m'a raccompagnée jusqu'à ma voiture. Il était fier de moi, mon père devait l'être aussi.

2

Quelques semaines plus tard, Verdier m'a convoquée de toute urgence. Il revenait d'une réunion de crise à l'état-major avec Matey, le général cinq étoiles patron de la gendarmerie, le ministre de l'Intérieur et le colonel Janviers, commandant du GIGN.

Marjorie, vingt ans, la fille du dir cab du ministre de la Défense, venait d'être enlevée devant son domicile avenue de Ségur par un commando de nationalistes afghans. Verdier m'a remis un dossier pour que je l'apprenne par cœur, je me suis demandé pourquoi. C'était du lourd.

Le père de Marjorie, alors consul de France à Kaboul, avait organisé avec les services secrets français l'exfiltration d'un ancien chef de guerre taliban aujourd'hui repenti, Haibat, assigné à résidence à Saint-Rémy-de-Provence. Les talibans exigeaient sa libération en échange de Marjorie. La photo du type me disait quelque chose.

Ancien mollah, Haibat avait grimpé les échelons islamiques pour prendre le titre envié de Mawlawi. Il avait été recruté dans les années 1990 par le réseau Haqqani, une organisation clandestine politico-mafieuse afghane qui venait de rejoindre les talibans, et qui avait suffisamment de connexions à l'étranger, notamment au Pakistan, pour organiser des actions à l'international. Des terroristes particulièrement cruels.

Haibat, quelques mois auparavant, avait sous son joug un vaste territoire et commandait plusieurs centaines de combattants dans les plaines de l'Est afghan. À force de retourner sa veste, il était devenu un chef de guerre déchu, la victime collatérale d'un très mauvais choix de vie. Alléché par un programme d'amnistie du gouvernement afghan, espérant bénéficier d'un avenir meilleur, le Mawlawi avait tourné le dos à ses frères d'armes. Verdier l'avait rencontré en mission de surveillance dans sa résidence française. « Je voudrais que mes fils poursuivent leurs études », lui avait-il expliqué. Sympa pour ses filles dont j'avais la photo sous les yeux. « Il faut aussi que l'on me donne un salaire mensuel décent, une voiture, dix à douze gardes du corps et un logement plus grand. C'est pour ma sécurité. Si les autorités afghanes ne m'accordent pas cela, les chefs des tribus qui n'ont pas encore rendu les armes verront que ça ne vaut pas le coup. En revanche, si d'autres sont bien traités, ils feront comme moi. » En attendant, les talibans avaient repris la main et l'ancien homme fort de la province du Logar était devenu un homme traqué. Ses vieux frères d'armes, ceux qui jusqu'alors obéissaient à ses ordres, voulaient sa peau de traître.

Matey, le patron de la gendarmerie, pensait avoir saisi ce qu'on attendait du gouvernement français et par ricochet du GIGN : assurer l'échange de façon sécurisée, entre la jeune fille et Haibat.

Le ministre, agacé, l'avait interrompu. Les choses étaient plus compliquées que cela : la France ne pouvait pas se permettre de négocier, la communauté internationale ne l'accepterait pas. Il fallait donc que le GIGN exfiltre Haibat d'une manière qui ait l'air d'un enlèvement par ses propres partisans.

Sachant que le Mawlawi serait hyperprotégé, Janviers avait demandé si cela impliquait un possible échange de coups de feu avec l'escorte ?

« Possible. Démerdez-vous, lui avait ordonné le haut fonctionnaire. La mission est carrée : vous libérez la gamine et vous neutralisez ces enculés. »

Janviers avait refusé : il était officier de gendarmerie, pas barbouze. Pas question de mettre en danger la vie de ses hommes.

« Démerdez-vous ! avait répété le ministre. Et pas de vagues ! »

Janviers avait insisté, on les envoyait au casse-pipe.

— Vous êtes le GIGN, les quatre lettres de l'excellence ? Vous vous vantez d'être les meilleurs ? » avait raillé le général Matey, connu en interne pour ne pas porter le Groupe dans son cœur, trop élitiste à ses yeux. « Si vous devez y laisser votre peau, tant pis pour vous, vous êtes payés pour ça. »

« Alors, je t'ai choisie comme binôme, a conclu Verdier en me reprenant le dossier des mains. Tu vas participer à ta première mission d'observation et de surveillance. À Saint-Rémy. Une vraie preuve de confiance. »

J'ai enfourché une BMW 1200 pour le rejoindre à l'aéroport militaire.

Dans la minuscule carlingue d'un Pilatus PS 12, avion idéal pour les décollages et atterrissages de courtes distances, nous avons préparé notre mission. Entièrement vêtus de noir, nous portions nos sigles sur la poitrine : VDR et DOG. Parachute et armement vérifiés. Verdier guidait le pilote au GPS, le point capital étant d'approcher le bâtiment hors de la vue des gardiens : nuit noire, voile et combinaisons noires, nous avions une petite chance.

Verdier m'a demandé de l'écouter très attentivement.

« Nous ne reviendrons peut-être pas de cette mission, je dois te dire quelque chose », dit-il en se noircissant le visage avec la crème de camouflage.

J'ai attrapé au vol le tube pour me tartiner à mon tour.

« Vous avez changé de parfum, c'est ça ? Terre d'Hermès ? C'est embêtant, on va se faire repérer à dix kilomètres à la ronde. »

Verdier, tendu, n'a pas répondu.

« D'accord, pas un parfum, mais un savon ou un gel douche ? J'en suis sûre.

— Tu connais notre cible.

— Le Mawlawi Haibat ? »

J'avais bien potassé mon dossier.

« Il accompagnait le jeune Afghan que tu as tué. »

Le Mawlawi Haibat, le mollah dont m'avait parlé mon père. Le type sur la photo avec Artan. Le sang refluait de ma tête. Et Verdier était au courant ? J'étais au bord du malaise vagal.

« Mais ce n'est pas tout. Tu avais raison, ton père était là lorsque Zubair Hukumat t'a violée. »

Verdier ressemblait au bonhomme sur la boîte de Banania. Sans le sourire, le camouflage le rendait sinistre.

Mon cœur battait la chamade.

« Mais ce que tu ignores, c'est que Jean-Pierre avait un flingue sur la tempe.

— Haibat, notre cible ?

— Oui, il le menaçait. Les talibans qu'Haibat avait trahis, et qui exigent aujourd'hui sa libération, faisaient partie du groupe Force, d'où le tatouage que tu as reconnu sur la photo. À l'époque du meurtre, Haibat avait besoin d'argent pour monnayer des informations avec la DGSE. Jean-Pierre était son contact. En s'en prenant à toi, il lui faisait comprendre qu'il était maître du jeu. La mort de Zubair l'arrangeait bien. Un pas de côté et tu finirais comme le fils de son pote avec une balle dans le ventre. C'est pour te protéger que ton père voulait que tu intègres le GIGN. Sous ma protection. Ce soir-là, Haibat a obligé ton père à regarder Zubair te violer. Il ne s'en est jamais remis. »

Papa. Comment imaginer un tel concours de circonstances ? J'ai senti la fracture qui nous avait si longtemps séparés se remettre en place. J'ai fait un sourire à Verdier qui ressemblait à de la gratitude.

Ainsi, Verdier savait déjà tout de moi, avant même que j'arrive au stage probatoire, viol et meurtre compris. Mon père, me sachant en danger, pensait qu'au GIGN, avec Verdier comme ange gardien, je ne risquais rien. Alors, il lui avait tout raconté, avait chargé le capitaine de me protéger et de m'apprendre toutes les ficelles du métier. Sans me faire de cadeau.

La suite de son récit a achevé de me libérer.

« Ton père avait accepté de livrer des informations à Haibat pour qu'il te laisse tranquille. »

Verdier se trompait. Ce n'est pas d'avoir assisté au viol de sa fille qui avait tué mon père. Il savait que j'aurais la force de me remettre de tout – du viol, du meurtre, du mensonge – mais que lui ne se pardonnerait jamais d'avoir trahi son pays en livrant des informations confidentielles à l'ennemi. Dans l'échelle de ses valeurs, le déshonneur était pire que n'importe quel crime. Je comprenais enfin pourquoi il avait mis fin à ses jours.

« Pourquoi vous ?

— J'avais une dette envers lui. Il pouvait me demander n'importe quoi. »

Je commençais à connaître suffisamment Verdier pour savoir que certaines questions ne méritaient pas d'être posées. La dette devait être conséquente pour qu'il s'implique dans ce merdier.

« Et le sabotage de mes armes ? Toujours Haibat, je présume.

— Une piqûre de rappel. »

Un coup de vent a légèrement dévié l'avion de sa trajectoire. Le pilote annonçait la verticale dans dix secondes. Vent nord-ouest. Trois nœuds. Go. Nous avons vérifié nos parachutes et nous avons sauté dans la nuit.

Le Pilatus s'est posé en douceur sur un terrain hippique, à deux cents mètres de la villa. Le laurier-rose et le chêne-liège saturaient l'atmosphère, nous étions bien dans le Midi.

Nous avons passé la nuit planqués, chacun dans une benne à ordure, de l'autre côté du chemin. La veille, mes camarades de la FOR s'étaient introduits dans la villa pour cacher micros et caméras miniatures.

Sur l'écran de mon smartphone, j'ai observé le Mawlawi se reposer au milieu du grand salon à peine meublé. La petite quarantaine, mince, sportif, mauvais, sale gueule, un sourire gras traversait son visage barbu. Des écouteurs minuscules, plus discrets que des AirPod, me permettaient d'entendre tout ce qui se passait à l'intérieur. Son aide de camp – le repenti était flanqué en permanence d'un membre du NDS, le service de renseignement afghan qui gère la réinsertion des anciens éléments antigouvernementaux – le mettait dans la confidence : ses anciens partisans allaient obtenir sa libération, qu'il se tienne prêt. Une douzaine de gardes du corps se relayaient H24, j'en apercevais trois dans mes quatorze heures, plutôt détendus.

La nuit tombait. J'ai avalé ma dernière barre de céréales protéinée et j'ai pissé dans un tube gonflable. À quelque distance, Janviers, Verdier et Michalack observaient la scène, dissimulés à l'intérieur d'un *sous-marin*, une camionnette aux vitres teintées truffée de matériel informatique. À l'extérieur, des policiers patrouillaient. Verdier m'a envoyé un message. Je me suis silencieusement extirpée de la poubelle, le capitaine m'attendait. Nous sommes arrivés au pied de la maison, et nous avons grimpé comme des chats le long du mur ; j'ai glissé,

Verdier m'a retenue. Sur le toit de la villa, nous avons dévissé une grille d'aération pour pénétrer dans la gaine. Après avoir rampé plusieurs mètres dans l'obscurité, nous nous sommes retrouvés dans un placard de la salle de bains du Mawlawi.

Depuis sa chambre, Haibat organisait un rendez-vous amoureux. « Je t'attends », susurrait-il. Il a raccroché puis il est entré dans la salle de bains. Verdier l'a immobilisé tandis que je lui plantais une minuscule aiguille dans le bras. Il a perdu connaissance, est tombé lourdement sur le sol, se cognant la tête à l'angle d'un meuble. Il s'est mis à saigner.

« C'est à cause de lui que mon père s'est suicidé, n'est-ce pas ? »

Verdier a dégainé son arme de service.

« On va fumer cet enfant de salaud. »

Il m'a tendu le Manurhin.

« Vas-y, je te couvrirai. »

Mes yeux se sont brouillés, j'ai pointé le canon sur Haibat. L'occasion était parfaite, terriblement tentante. Ce type avait foutu nos vies en l'air et il ne manquerait à personne. Mais la phrase de Prouteau m'est revenue en mémoire : « Quand on tue, on vit avec ses morts. » Je n'avais pas envie de m'encombrer du fantôme de cette ordure. Je me suis tournée vers Verdier et lui ai rendu son arme. Il l'a prise, l'a dirigée vers moi et a pressé sur la détente.

3

Je n'ai pas eu peur, je commençais à connaître Verdier. L'arme n'était pas chargée.

« Tu as fait le bon choix. À partir de maintenant, tu passes à autre chose, tu vas de l'avant. La boucle est bouclée. »

Il avait raison. Les paroles de mon père ont résonné dans ma tête : « Si tu te relèves de cette histoire, tu te relèveras de tout. Un jour, tu verras, elle sera ta force, elle te donnera tous les courages. » Je n'ai pas eu le temps de répondre, Janviers, Michalack et un autre camarade équipés des tenues et du matériel des infirmiers, sont entrés dans la salle de bains. Ils avaient neutralisé les gardes du corps, la mission reprenait son cours. Ils ont chargé l'Afghan sur une civière et nous ont jeté deux blouses blanches. Dans la confusion, nous sommes ressortis avec eux sans nous faire remarquer par les hommes du Mawlawi.

L'ambulance a quitté la villa à toute vitesse pour s'enfoncer dans la nuit.

Janviers a appelé le Quai d'Orsay : la France était prête à livrer le colis.

Veillée d'armes.

La nuit est tombée sur notre pavillon à Satory. Par la fenêtre, j'ai scruté la petite rue tranquille de notre quartier. Une voisine promenait son chien. Un homme descendait d'une voiture et rentrait chez lui, une maison éclairée de l'intérieur. Un peu plus loin, une vieille dame sur le pas de sa porte nourrissait un chat. Nos regards se sont croisés. Je me suis écartée de la fenêtre.

Virgile s'est accroché à moi. J'ai ressenti son inquiétude, est-ce que j'allais encore partir longtemps ? Je l'ai rassuré : demain, quand il reviendrait de l'école, je serais là. Luisa l'a recouché.

Petit matin sur la région parisienne. Le dispositif se met en place. Je m'installe au volant de la Renault, le Mawlawi a été extirpé de sa cellule, il est assis derrière moi. Un énorme pansement recouvre sa joue et immobilise sa mâchoire. La voiture se faufile dans les rues de la banlieue parisienne. Derrière, le reste de l'équipe suit en fourgon bana. Janviers me fait signe de démarrer. Au bout de quelques centaines de mètres, une moto se place à la hauteur de ma portière. Le passager jette un téléphone portable allumé à l'intérieur de l'habitacle. En ligne, l'interlocuteur taliban donne des instructions : direction Barbès. Il veut parler au Mawlawi. Je refuse. De toute façon, il a une fracture de la mâchoire, il ne peut pas articuler.

Alors que la circulation est complètement bloquée, l'interlocuteur me donne l'ordre d'abandonner la voiture et de courir avec mon prisonnier, droit devant. Première à droite, deuxième à gauche. Dans le fourgon bana, c'est l'affolement, ils nous ont perdus. Janviers ne se démonte pas : grâce au Catching, il intercepte, en direct, la conversation téléphonique. Dès que j'arrêterai de courir, il localisera l'appel.

Hors d'haleine, nous parvenons dans une friche industrielle. Les talibans arrivent à leur tour, occupent l'espace. Leur chef tient Marjorie fermement par le bras. Je m'avance vers le chef afghan. Les sbires me fouillent. Ils prennent mon arme, la font glisser sur le sol, hors d'atteinte. Le chef afghan pose le canon de son arme sur la tempe de Haibat. Pauvre imbécile, qui a cru qu'il avait encore des partisans capables de risquer leur vie pour le faire libérer. Il va payer pour sa trahison. Au moment où le taliban arme son revolver, j'interviens : il ne doit pas le tuer, ce n'est pas Haibat.

Le Mawlawi enlève le pansement qui emprisonne sa joue et arrache le masque en latex qui recouvre son visage. Jérôme Verdier apparaît.

Le taliban, fou de rage, veut quand même le descendre. Je m'interpose : ça ne servira à rien, ils n'auront jamais Haibat. Furieux, le taliban lève son arme. Il va tirer. On entend « zéro ! » depuis le fond du bâtiment. Une déflagration unique retentit. Les trois talibans s'écroulent en même temps.

Janviers, Chantagret et le troisième gendarme s'avancent, fusil à la main.

Tout est terminé. D'autres gendarmes arrivent, pour sécuriser la zone. Ma première mission au GIGN vient de s'achever, l'otage est sauvée. Verdier m'a félicitée, je crois.

4

Le visage de Luisa quand elle a ouvert la porte en disait long sur mon apparence : livide, mouchetée du sang des talibans, crottée de la tête aux pieds. J'étais rentrée à la maison sans réfléchir, comme un drone vers son socle de recharge.

Je me suis laissé déshabiller comme une petite fille. Luisa a fait couler un bain très chaud avec beaucoup de mousse. Lorsque je me suis glissée dans le trop grand peignoir paternel, toute ma fatigue a été siphonné avec l'eau du bain. Lovée sur le canapé du salon, ma mère huilait mes pieds couverts d'ampoules avec une crème au citron. C'est elle qui a brisé le silence.

« Je n'ai pas toujours été une très bonne mère.

— Et moi, pas une très bonne fille.

— Quelle conne cette Blandine, je crois que je la déteste autant que toi.

— Je lui ai collé une balle dans la tête et j'ai découpé son corps en petits morceaux, on ne retrouvera jamais son cadavre.

— Sage décision. »

Lorsqu'elle a fait mine de croquer mon doigt de pied,

mes dernières résistances ont lâché. Je lui ai raconté le viol, le meurtre, le rôle que papa avait joué dans cette affaire, son honneur perdu. Ce qui l'avait certainement poussé au suicide. Au fil de mes confidences, je réalisais qu'elle savait déjà tout. Comment avais-je pu imaginer que ces deux-là ne se soient pas parlé ! Courageuse Luisa, qui n'avait jamais laissé tomber mon père. Ni pour Verdier ni pour moi, ni pour la tentation d'une vie meilleure. Jean-Pierre Olberg était un homme qui aimait son pays et dont le patriotisme laissait peu de place à autre chose. Ils n'avaient pas fait de voyage au bout du monde, il ne l'avait pas emmenée danser, elle était souvent seule. Mais Luisa était toujours là. Luisa, flamme au foyer.

J'ai pris un des albums de photos consultés cent fois, rangé dans la bibliothèque Ikea, si souvent montée et démontée au gré de nos déménagements. Je l'ai ouvert avec la précaution que l'on prend avec ces souvenirs de papier glacé, de peur qu'ils ne se désintègrent. Luisa bébé, posée sur le ventre, la mèche artistiquement rebelle. Luisa en première communiante. Luisa au bras de son mari, avec cet air hypocrite que l'on se croit obligée d'avoir ce jour-là parce que tout le monde dit que c'est le plus beau jour de la vie. Sur un autre cliché, elle éclate de rire, lui la regarde sévèrement, comme pour la faire tenir tranquille.

Je la retrouve quelques pages plus loin telle que je l'ai connue, penchée sur mon berceau, souriant tendrement. Luisa qui me tient par la main dans une rue de Varengeville. Luisa avec ses longues jambes moulées dans un jean et ses seins ronds, sous un pull bleu marine, ses cheveux noirs coupés en carré, le menton haut. Elle ne rit plus. Je lui demande si elle garde un bon souvenir de ces années-là, elle dit que pas tellement, Jean-Pierre était souvent parti, elle n'avait pas d'amies, elle était trop jeune, trop jolie, trop différente.

« Parle-moi de lui. L'autre. »

Elle s'est mouchée, a ramené ses genoux contre elle.

« J'avais vingt ans, Jean-Pierre était à Kaboul, depuis presque neuf mois en mission.

« Les Dardelle habitaient un pavillon dans le quartier des officiers, en bordure de la forêt. À quarante-cinq ans, Stéphanie Dardelle avait la douceur de ces femmes qui, si elles n'ont pas renoncé à plaire, ont renoncé à l'amour, découragées par un mari trop volage. Elle avait dû reconnaître en moi la fougue d'une jeunesse qui lui rappelait la sienne. Je la trouvais élégante et juste, nos solitudes nous avaient rapprochées.

« J'allais souvent chez elle, je m'y sentais bien. Depuis que les beaux jours étaient revenus, nous aimions prendre le thé dans le jardin, entendre Versailles gronder au loin. Son mari Jean-Claude, un colonel tout en brosse, passait parfois la tête par la fenêtre de la cuisine pour prévenir sa femme qu'il repartait vers des missions que nous devinions pas toujours liées à sa vie professionnelle et dont Stéphanie préférait ignorer le détail.

« Elle invitait souvent le week-end, des petits cercles de familles de gendarmes tournant sur eux-mêmes, où tout le monde se connaissait, sans surprise possible. Ce jour-là, sans comprendre pourquoi, je ne tenais pas en place, j'avais bu plusieurs verres de sangria coup sur coup alors que je n'aimais pas spécialement ça. Je virevoltais d'un groupe à l'autre, esquissant un pas de danse sur la voix de Johnny qui ne voulait pas qu'on le quitte. Soudain, je l'ai vu et j'ai absorbé toute sa lumière. Il parlait à un groupe d'hommes, un pied posé sur un muret couvert de géraniums roses. Je l'ai frôlé, sa petite amie m'a suivie des yeux, une fille blonde, distinguée comme une paire de claques. Elle ne le lâchait pas, s'enroulait autour de lui en minaudant ; il ne semblait pas faire attention à elle. Il m'a regardée, distraitement d'abord, puis il m'a fait un signe de la main et il est sorti du cercle où il se trouvait, intimant d'un regard de maître chien à sa créature de ne pas le suivre. J'étais persuadée qu'il venait me demander où se trouvaient les lavabos ou quelque chose comme ça, mais je n'aurais jamais imaginé qu'il m'invite à danser, de cet air un peu perdu dont j'apprendrais plus tard qu'il ne fallait pas s'y fier.

« Nous avons dansé, ou plutôt marché sur un slow. Il serrait ma main gauche contre sa poitrine, l'autre tenait mon dos avec douceur et fermeté. J'ai commencé à raconter n'importe quoi, toutes les bêtises qui me passaient par la tête pour masquer le trouble qui m'envahissait. Je ne sais plus ce qu'il m'a dit, je me souviens d'avoir beaucoup ri ; combien de temps avons-nous aussi impertinemment fait bande à part ? Jusqu'à ce que ceux qui, pour nous, étaient déjà devenus les autres, viennent interrompre le courant secret qui venait de s'établir.

— Tu as couché avec lui ?

— C'était une histoire d'amour. Très belle, très forte. Je voulais un enfant de lui, il n'en voulait pas, on s'est quittés. »

Même si elle avait trahi mon père, imaginer que ma mère ait souffert d'un chagrin d'amour me rapprochait d'elle. Moi aussi j'avais sacrifié Vincent, l'homme que j'aimais, mais dans mon cas, pour rien du tout. Pour donner un sens à ma vie qui n'en avait pas sans lui. J'ai regretté toutes ces années passées à détester Luisa. J'aurais dû être sa consolation, j'avais été son enfant bourreau.

Lorsque son amoureux l'avait quittée, Luisa avait pleuré sans larmes, avancé sans jambes. Je l'admirais d'avoir eu la force de sauver son histoire avec mon père. Cela me renvoyait au choix difficile que j'avais su faire en décidant de garder Virgile. Une petite voix intérieure, pas celle de Blandine, la mienne, me disait qu'il fallait marcher sur ce chemin de lumière, qu'il fallait me faire confiance, me battre pour une certaine idée du bonheur.

« Quel con !

— Ne dis pas ça, dit Luisa sur la défensive. C'était ma décision, il n'avait rien demandé. Et je n'ai pas pardonné à Jérôme Verdier pour que ma fille vienne tout abîmer vingt-six ans plus tard. »

Ce n'était pas facile à entendre, mais j'ai surmonté le choc. Je ne crois pas en la fatalité, aux patates chaudes que l'on se refile de génération en génération, de mère en fille. Nous pouvons, un jour, les arrêter. Mon destin n'était pas celui de Luisa. En choisissant de rester avec mon père, ma mère avait fait preuve d'un courage singulier. Elle avait parié sur l'avenir. Je devais marcher dans ses pas et sauver mon histoire avec Vincent.

J'allais manger l'éléphant.

5

J'ai roulé toute la nuit, bien résolue à reconquérir Vincent. Luisa disait souvent que je réussissais tout ce que j'entreprenais, le moment était venu de lui donner raison.

Il habitait Biarritz depuis la fin de l'été. Je prenais le train un week-end sur deux pour lui amener Virgile, il le ramenait le dimanche soir, un enfer pour tout le monde.

Pour ne pas m'endormir au volant, j'ai fait la part des choses : Jean-Pierre Olberg serait toujours mon père, celui qui m'avait appris à me battre, inculqué les valeurs que j'étais fière de porter aujourd'hui, mais j'aurais préféré avoir le père qu'était Vincent pour Virgile, un père de tous les jours, un père qui vous prend dans les bras, pas seulement les soirs d'orage.

Verdier avait aimé ma mère et rien que pour ça, je le respectais. Sa lâcheté d'homme me faisait mieux distinguer les nuances du courage. Monter à l'assaut d'un avion bourré de terroristes était valeureux, renoncer à l'amour et à ses complications l'était sans doute moins.

À son retour de Kaboul en 1990, Jean-Pierre Olberg

avait récupéré une Luisa au fond du trou. Pour une fois, il avait su trouver les mots, avec une délicatesse inouïe, sans doute dictée par l'urgence de ne pas perdre la femme de sa vie. « Tu aimes Verdier ? Mais tu m'aimais aussi, non ? » Il n'avait pas tort, au début, toutes les amours se ressemblent. « Ne crois-tu pas que cette passion peut s'éteindre comme celle que tu avais pour moi ? Reste avec moi, Luisa, je serai patient et qui sait, peut-être un jour, m'aimeras-tu à nouveau ? » C'est exactement ce qui s'était passé, même si ma mère avait mis longtemps à retrouver le goût de la cerise. Il avait eu une discussion d'homme à homme avec Verdier. Maman l'avait trouvé dans son bureau, se tapant le front contre le mur jusqu'à éclater une arcade sourcilière. Elle était affolée. « Tu es trop dur avec toi-même Jean-Pierre, arrête ! » Il l'avait prise dans ses bras : « Non Luisa, je suis trop faible. » On ne répare pas ses parents. Ma bataille était devant moi, au bout de cette route.

Vers neuf heures, j'ai aperçu la grande bâtisse rose de l'Hôtel du Palais surplombant la mer. J'ai montré ma carte de gendarme au veilleur, il a levé la barrière pour me laisser passer, je me suis garée devant l'entrée de l'hôtel. Le concierge m'a indiqué à travers la baie vitrée de l'immense salle à manger second Empire un cabanon à toit plat situé en contrebas sur la plage. Devant la réception, le portrait d'Eugénie de Montijo m'a adressé un clin d'œil complice, c'était de bon augure.

J'ai dévalé les marches qui menaient à la piscine et j'ai couru sur la plage. J'ai frappé à la porte du cabanon,

Vincent était là, un morceau de papier de verre à la main. Il était séduisant malgré la poussière de polystyrène qui poudrait ses cheveux, son front, ses joues, son torse et ses mains. Il portait autour du cou un masque FFP2 et des lunettes de plongée, seuls sa bouche et ses yeux de hibou étaient propres.

« Virgile ?

— Tout va bien. »

L'air était saturé d'un produit chimique, comme de la colle extraforte. Sous des affiches de vagues monstrueuses, des planches de surf dépassaient des râteliers. Contre le mur en face de moi, entre deux fenêtres à meneaux d'où j'apercevais la mer à marée basse, des étagères croulaient sous des housses en tissu, des bouts d'ailerons, des combinaisons de plongée. Au centre de la pièce, un grand panneau sur des tréteaux servait d'établi.

« Donne-moi deux minutes, il faut que je termine ça. »

Il est retourné poncer le nez d'une vieille planche en réparation. À côté de lui, un pinceau en bois trempait dans une boîte en plastique remplie de résine. C'était ça l'odeur.

« Tu t'es remis au surf ? »

Je me fichais complètement de sa réponse. Je me voulais légère, concernée.

« Je répare les planches des autres pour gagner un peu de thune. »

Un morceau de toile s'accrochait aux poils de la main qui tenait le papier de verre. Je l'ai regardé caresser la tranche de la planche et j'ai ressenti sa solitude. Il n'aurait aucun mal à quitter ce lieu de passage.

« J'ai envie d'emmener Virgile à Londres le week-end prochain. »

Il ne s'est pas retourné.

« Tu as fait tout ce chemin pour me dire ça ? »

Peut-être que ça n'allait pas être aussi facile que ça. Son cœur battait moins fort, je le perdais.

Lorsque le GIGN planquait devant la porte d'un forcené, après le temps des pourparlers venait celui de l'intervention. Le temps était venu pour moi de monter à l'assaut. Je l'ai entouré de mes bras, la joue collée sur son dos. Il n'a pas réagi.

« J'ai déconné, Vincent. Donne-moi une deuxième chance.

— Tu as déjà eu toutes les chances, Fine. On ne sait jamais à quoi s'attendre avec toi. C'est quand je pense te perdre que tu es la plus proche et si je veux te retenir, tu es déjà loin. »

Je lui ai proposé un café. Mes gestes étaient tordus, maladroits, heurtés. Pour la première fois, j'étais intimidée par Vincent. Je lui ai raconté maman et Verdier, les terres brûlées qui donnent plus de blé qu'un meilleur avril, Virgile qui le réclamait, l'avenir, toujours devant soi, la vie sans lui qui ressemblait à un bol de noyaux.

« Voilà, je t'ai tout dit. »

Un grand silence s'est installé. Je l'ai laissé réfléchir, j'étais confiante, il ne pouvait pas m'abandonner après ces confidences poignantes, je connaissais mon homme, il était profondément gentil.

Il m'a regardée avec douceur.

« Non, Delphine, tu ne m'as pas tout dit. Il manque l'essentiel. »

J'ai fait le tour de l'établi pour lui faire face. Je serrais le plateau de contreplaqué à m'en faire péter les jointures.

« Mais quoi, qu'est-ce que tu racontes ? »

Ne pas hurler, rester calme.

« Le viol, le type que tu as tué. Pourquoi ne m'en as-tu jamais parlé ?

— Qui t'a raconté ça ?

— Simone.

— Elle est folle. »

Il a reposé le pinceau en bois, s'est essuyé les mains sur un chiffon maculé de bleu et m'a fait un sourire, du genre : « Tu ne changeras jamais. »

« Si je t'en avais parlé, tu m'aurais obligée à porter plainte, à voir un psy ! Je ne pouvais pas faire ça, ils ne m'auraient jamais prise au GI ! Tu sais à quel point c'est important pour moi.

— Pour toi ou pour ton père ? À quoi je sers, Delphine, si tu ne me laisses pas ma place d'homme ? Je ne sais pas, je ne sais plus si tu m'aimes ! Tu le sais, toi ? »

Vincent me tendait la perche que j'étais venue chercher. J'étais incapable de la saisir, une chape de plomb me clouait au sol. Comme Ours-Marie au bord du pont de Saclas, je ne parvenais pas à passer outre ma peur, à regarder devant moi. J'aurais dû me jeter dans ses bras, remplir cette pièce de tout l'amour que j'avais pour lui. Au lieu de cela, j'ai manqué de courage. Je suis restée plantée, le corps raide, la bouche sèche. »

Il s'est dirigé vers la porte, a enfilé sa vareuse. L'odeur du coton ciré m'a donné mal au cœur.

« Je m'en vais, Delphine.

— Tu ne peux pas t'en aller, on va s'en sortir, je vais changer, il n'est jamais trop tard. »

Il a jeté un sac sur son épaule et s'est dirigé vers la porte, je me suis précipitée pour faire barrage de mon corps.

« Oui, je suis insupportable, chiante et imprévisible. Je prends toute la place, même quand je ne suis pas là, mais tu ne peux pas vivre sans moi. Sans moi, tu t'ennuieras. »

Il a sorti un papier de sa poche.

« Je pars pour Sydney. »

En audition, il y a deux espèces de suspects. Le suspect intelligent comprend, comme aux échecs, quand il est fait comme un rat : les bornages de son téléphone prouvent sa présence sur les lieux du crime, ses déclarations se contredisent. Il sait abandonner la partie avant que l'OPJ ait avancé tous ses pions. L'abruti, lui, s'en sort toujours mieux. Il ne raisonne pas, il a sa logique à lui, il s'accroche à sa version des faits, même la plus improbable. Je me souviens d'une mama africaine impliquée dans un trafic de prostituées. La dame affirmait mordicus avoir pris le bus pour venir du Congo jusqu'en France. Le capitaine qui l'interrogeait avait beau lui montrer la carte du monde, pointer l'océan à traverser, lui répéter avec patience que l'on ne pouvait pas prendre le bus du Congo vers la France, la mama n'en démordait pas : « Mais puisque je vous dis que j'ai pris le bus. » À la question suivante, « Avez-vous participé à ce trafic de prostituées ? », elle avait naturellement répondu : « Tu ne m'as pas crue pour le bus alors pourquoi me croirais-tu pour le trafic ? » Le capitaine était sorti de la salle d'audition, les yeux hors de la tête.

J'étais assez intelligente pour comprendre que j'avais perdu la partie. Comment retenir un homme qui a son billet d'avion dans la poche ? J'ai touché, à travers la poche de mon jean, le petit parapluie, celui qui me permettait d'ouvrir n'importe quelle serrure. Il ne me servirait à rien. Avec le même instinct de survie qui m'avait, jusque-là, plutôt réussi, j'ai envisagé toutes les solutions, mais n'en ai trouvé qu'une seule pour rompre l'incertitude : reprendre la main.

« Si tu franchis cette porte, c'est fini entre nous. »

Il a hésité. J'avais marqué un pauvre point. C'était moins douloureux d'être celle par qui le malheur arrive. Comme de mourir la première. Mais il a refermé la porte doucement derrière lui.

Je suis restée seule, guettant le ressac de la mer à travers les vitres. J'étais calme, comme on peut l'être quelquefois lorsque l'on pense avoir touché le fond du désespoir.

6

« Vous n'êtes qu'une vieille salope ! Il fallait laisser Vincent en dehors de tout ça. De quel droit ! »

Simone, la clope au bec, assise à la table de sa cuisine, astiquait les médailles militaires de feu son mari André. Ma rage ne semblait pas l'impressionner, elle m'a observée sans ciller à travers les volutes de sa Gitane puis elle a craché sur la décoration avant de redonner un coup de chiffon.

« Je pensais le retenir, j'ai cru bien faire. Je voulais t'aider. »

J'ai tiré une chaise pour la regarder les yeux dans les yeux.

« M'aider ? Depuis quand vous aidez les autres ? C'est toujours pour votre pomme, Simone, les autres ne comptent pas. La vérité, c'est que vous n'avez pas résisté à l'idée de balancer un petit scoop, un ragot bien croustillant. Ça vous donnait de l'importance. Alors, écoutez-moi, ça va vous plaire : je vais aller voir les flics. Je vais tout leur dire, y compris la façon dont vous vous êtes débarrassée de vos deux maris. »

Simone a pris le temps de replacer la médaille dans son écrin de velours violet.

« Tu n'as rien dans le bide, Delphine Olberg. Va soulager ta conscience : Virgile grandira sans toi, Vincent t'oubliera. Vas-y, mais ne compte pas sur moi pour jouer les visiteuses de prison. »

Elle s'est levée pour me signifier que cette conversation avait assez duré.

« Nous partagerons peut-être la même cellule ? Je vous plains, Simone. Un jour, on vous retrouvera morte, allongée sur le carreau de votre cuisine. Mais comme personne ne vous aime, il se passera du temps avant que l'on s'inquiète de ne plus vous voir dans le quartier. Ce seront les gémissements affamés de Rex qui attireront les voisins. Rex qui finira piqué dans un refuge. »

Je me suis retournée avant de claquer la porte d'entrée. Elle avait la tête de son cadavre.

Alors que je déambulais dans les rues de Satory, un calme étrange m'habitait. Était-ce pour faire revenir Vincent, que j'allais me dénoncer aux flics ? De là où il était, papa approuverait, c'était une démarche honorable. Luisa me soutiendrait, Virgile m'attendrait. Et, oui, finalement, ce n'était pas bête, Vincent resterait.

Verdier a tout fait pour me dissuader, ça ne servait à rien, l'affaire était enterrée. Et même si la légitime défense était démontrée, pas sûre que le GIGN me garde. Je savais tout cela.

7

Les mois qui ont suivi se sont déroulés comme un film que l'on regarde sans s'y intéresser vraiment. Chronique d'une déchéance. Stupeur de mes proches. Vincent qui retarde son départ pour l'Australie. Mes aveux au colonel, à la SR de Versailles.

C'est une juge d'instruction pas commode qui a finalisé l'enquête de la SR. Elle a exigé des éléments concrets pour attester des faits. J'ai montré le MAC 50 avec lequel j'avais tiré sur le jeune homme. La balistique a confirmé. La juge m'a mise en examen pour homicide. Je n'ai pas parlé de Simone et j'ai caché le rôle joué par mon père le soir du meurtre, qu'il repose en paix.

Comme je ne représentais pas un risque de trouble à l'ordre public, je suis restée en liberté jusqu'à mon procès, suspendue de mes fonctions au GIGN. C'était à moi de démontrer, de façon incontestable, que j'avais tué en état de légitime défense. Pour ça, la juge a été intraitable, elle a voulu des preuves. Ni la balistique ni la balle retrouvée fichée dans le thorax de Zubair, établissant que j'avais tiré de face, n'ont suffi à la convaincre. Elle a voulu me renvoyer devant la cour d'assises pour meurtre. J'ai crié à l'injustice, la juge ne s'est pas démontée. La presse s'est déchaînée, Luisa a été exemplaire, mes camarades ne m'ont pas lâchée, Janviers m'a soutenue, j'ai trouvé les mots pour rassurer mon fils. J'étais prête à affronter une peine, même injuste.

Contre toute attente, Simone a volé à mon secours. Elle a juré devant la juge avoir assisté, tremblante et paralysée, au viol puis au meurtre, détaillant la scène comme si elle avait été vraiment présente ce soir-là : la légitime défense est devenue irréfutable. Dans la foulée de sa déclaration spontanée, elle m'a coachée dans la perspective d'un interrogatoire : le soir du meurtre, tu étais habillée comme ci et comme ça. Elle avait pensé à tout, je me suis laissé faire, plus rien n'avait d'importance.

La juge a prononcé un non-lieu, l'affaire a été classée.

Vincent m'a demandé de venir à Sydney avec lui. Je ne savais plus où j'en étais, j'ai hésité. Il n'a pas insisté.

La première journée sans amour a commencé.

ÉPILOGUE

J'ai acheté de l'alcool dans un supermarché où je n'avais pas mes habitudes, de la Stolichnaya, la vodka préférée de papa. J'ai fermé la porte à double tour, éteint le téléphone. Puis, j'ai écouté en boucle *Marie-Dominique*, un chant mélancolique des troupes de marine écrit par Mac Orlan, et j'ai bu jusqu'à tomber par terre. Elle avait fière allure, la nouvelle recrue du GIGN. Janviers m'avait réintégrée dans l'unité, comme s'il ne s'était rien passé. Le prochain départ de Vincent pour l'Australie avait créé une brèche dans l'armure. Je n'étais plus imperméable, je prenais l'eau. Tout en moi était disloqué. J'étais devenue un automate à qui il manquait la clé pour le faire avancer.

Un bruit de klaxon m'a fait remonter à la surface. J'ai rampé jusqu'à la fenêtre, la tête dans un étau. Je ne buvais pas souvent, mais lorsque l'envie me prenait, je buvais vite et beaucoup. Comme je les détestais, ces matins blancs où je ne me souvenais plus de rien. La vieille Renault grise de Simone était garée devant la maison, Simone au volant, Luisa à ses côtés, Nathalie sur la banquette arrière. Elles m'emmenaient à Roissy chercher Vincent avant que l'avion décolle. Un gros délire. J'ai bien tenté de les en dissuader, mais elles avaient tout prévu, même Virgile, en pension chez Véronique. Elles ont réussi à me faire rire, malgré ma gueule de bois : Nathalie était irrésistible lorsqu'elle imitait Luisa en veuve éplorée, suppliant Janviers de m'accorder une permission de vingt-quatre heures.

Les filles avaient perdu un temps précieux à trouver l'avion que Vincent allait prendre, nous avions à peine une grosse heure devant nous. J'ai sauté dans mon uniforme. Sur l'autoroute, nous avons chanté à tue-tête, *Je vais t'aimer comme on ne t'a jamais aimée.* Simone chantait très faux, mais on s'en foutait, on était bien. J'admirais maman de savoir mettre son chagrin de côté pour voler au secours de sa fille, je n'étais pas sûre d'en être capable. Simone conduisait vite, les rétroviseurs n'avaient pas été inventés pour elle, en revanche l'usage abusif du klaxon l'aidait à transformer sa vieille bagnole en véhicule prioritaire. Invectivant les uns, insultant les autres, jurant comme un charretier un jour de foire, elle taillait la route. « Quand on ne sait pas conduire une voiture, on s'achète un âne ! » revenait souvent. Au péage de Saint-Arnoult, elle s'est embrouillée avec un chauffeur de poids lourd qui lui avait, selon elle, manqué de respect : « Et ta grand-mère, elle suce les ours ? » Le costaud avait séché sur place. Au kilomètre 220 arriva ce qui devait arriver, un gendarme avait jailli du bas-côté en moulinant un bras impérieux : « Rangez-vous là ! » Il est vrai que le compteur frisait le 160. Simone était descendue péniblement de la voiture et s'était appuyée au gendarme en dépliant sa vieille carcasse.

« Bonjour madame, gendarmerie nationale, vous savez à quelle vitesse vous rouliez en passant sous le pont, mmmm ?

— Vous l'avez arrêté ? »

Le gendarme ne comprenait pas, nous non plus, d'ailleurs. Simone s'est agacée.

« Après le péage ! Une voiture noire ! Elle nous a pris en chasse, nous avons eu très peur alors j'ai accéléré. Je ne sais pas ce qui se serait passé si vous n'aviez pas été là. Merci, adjudant-chef, vous nous avez sauvé la vie. »

Rétrospectivement, elle en tremblait de peur.

Le gendarme a demandé des explications, nous avons mollement confirmé ce que Simone venait d'inventer.

« J'ai tapé sa plaque ! a dit Simone d'un air entendu. Des Albanais. »

Comme Simone s'était adressée à l'adjudant-chef sans se tromper sur son grade et qu'elle s'exprimait comme un officier de police judiciaire, le gendarme, méfiant, a appelé sa co-équipière à la rescousse. J'ai tendu ma carte professionnelle, l'adjudant m'a prise à part.

« C'est qui la vieille dame ?

— La veuve d'un général. Cinq pins. »

Ah ! La tradition veut que dans la gendarmerie, et j'imagine, dans la police aussi, on ne verbalise pas quelqu'un de la maison, même apparentées comme l'étaient Simone et Luisa. Ils nous ont laissées repartir, après avoir demandé le numéro d'immatriculation des vilains. Simone a feint l'amnésie sénile. Lorsque nous avons repris la route, en roulant prudemment cette fois, Nathalie a fait remarquer qu'il était bien inutile de monter un bobard comme ça, ça nous mettait en retard et ça aurait pu mal finir. Simone lui a cloué le bec : « C'est plus amusant comme ça. »

La tour de contrôle de Roissy s'est profilée à l'horizon. Simone a freiné pour se ranger sur le bas-côté.

« Terminus, tout le monde descend. »

Nous lui avons obéi, visiblement, c'était prévu dans le plan.

Nathalie a mis ses mains sur mes épaules.

« La chance sourit aux audacieux. »

Simone m'a prise à part. Elle avait le chignon de travers, la vieille, je ne l'avais jamais vue émue comme ça.

« Tu sais, mon petit, ma vie est passée comme un jour, sans joie. Je ne veux pas que tu finisses comme moi, seule avec un vieux caniche qui pue. Prends soin de ton Vincent. Crois-moi, il vaut mieux un mari vivant qu'un mari mort, ça tient plus chaud l'hiver. »

Je l'ai entourée de mes bras, elle sentait le passé moisi mais aussi, le chocolat chaud.

J'ai pris le volant et j'ai foncé. Je gambergeais à toute vitesse. La ZAPI, la zone d'attente pour les demandeurs d'asile située en bordure des pistes, serait peut-être le moyen le plus facile pour contourner les accès à l'aéroport. Lorsque, sur présentation de mon badge, le gendarme de garde au poste d'entrée a levé la barrière pour me laisser passer, j'ai été épatée par mon audace. J'ai aperçu l'Airbus A380 de Qantas quitter son hub et prendre la direction de la piste d'envol. Je n'avais plus aucune idée de ce que j'allais faire, mais j'ai passé la seconde. Une voiture de gendarmerie m'a prise en course, j'étais foutue. C'était trop beau. Alors qu'elle me dépassait, sans doute pour m'obliger à m'arrêter, j'ai reconnu Verdier au volant. Il a baissé la vitre et a hurlé, la main en éventail :

« Cinq minutes, pas une de plus ! »

Grâce à la complicité d'un ancien du GIGN, aujourd'hui en poste à la GTA[1], Verdier avait accompli un miracle. Dans un ballet parfaitement orchestré, j'ai vu Jan prendre le rôle du Marshaller ; il était habillé d'une veste réfléchissante orange et portait un casque antibruit. D'un geste sûr, il a agité les balises lumineuses et l'avion s'est arrêté. Un escalier d'embarquement autotracté s'est dirigé vers l'avion dont la porte venait de s'ouvrir. Alors que je franchissais les premières marches de l'escalier, le conducteur de l'escalier m'a fait un clin d'œil il et j'ai reconnu mon ami Paulin.

Les pilotes avaient ouvert la porte du cockpit. Les hôtesses m'ont regardée passer, bouche ouverte. Derrière l'odeur du kérosène, celle des crottes de lapin qui envahissaient les pelouses de l'aéroport. Il flottait dans la carlingue de cet A380 le délicieux parfum du courage, le vrai, celui que j'avais senti en sortant du ventre de ma mère, le parfum de la vie. J'avais peur, c'était bon signe. Verdier m'avait donné cinq minutes, en fait je n'en avais qu'une, le temps de la sidération de l'équipage et des passagers. Vincent était assis au fond de l'avion, dans mes onze heures.

1. Gendarmerie des transports aériens.

À travers le hublot, ils étaient là, couleur sépia : Verdier, Nathalie, Simone, maman. Derrière eux, à chaque extrémité d'un arc-en-ciel, papa et Baba Lena.

Se poser.

Être soi.

Ne plus avoir peur. Sauter dans le vide.

S'engager pour la vie[1].

1. Devise du GIGN.

SOURCES

Michel Bernard, *GIGN, le temps d'un secret*, Éditions Nimrod, 2010.

Philippe B. et Jean-Luc Riva, *Confessions d'un OPS*, Éditions Nimrod, 2019.

Jean-Luc Calyel, *GIGN, les secrets d'une unité d'élite*, Le Cherche-Midi, 2012.

Daniel Cerdan, *Dans les coulisses du GIGN*, Calmann-Levy, 2010.

Daniel Cerdan, *Assauts*, Éditions Ring, 2016.

Daniel Cerdan, *GIGN, engagés pour la vie*, Les Éditions Alisio, 2019.

Eric Delsaut et Guillaume Moingeon, *15 ans au GIGN*, L'Apart Éditions, 2013.

Roland Môtins, *GIGN, 40 ans d'actions extraordinaires*, Pygmalion, 2013.

Roland Môtins, *Dans l'ombre du GIGN*, Le Rocher, 2012.

Roland Môtins et Jean-Michel Caradec'h, *L'Assaut, le GIGN au cœur de l'action*, Usborne, 2010.

Christian Prouteau et Jean-Luc Riva, *Nous étions les premiers*, Éditions Nimrod, 2017.

Marie-Gabrielle Slama et Quentin de Pimodan, *Expliquez-moi le GIGN*, NANE Éditions, 2013.

Jean-Marc Tanguy, *Missions extrêmes – Le GIGN et l'EPIGN en opération, 1976-2017*, Histoire&Collections, 2017.

*

Le roman DOG est inspiré de la bible coécrite par Jacques Bastier, Delphine Labouret et Didier Le Pêcheur, d'après une idée originale de Jacques Bastier et Clémentine Dabadie.

REMERCIEMENTS

Je remercie Karina Hocine, pour son flair, DOG n'a rien à lui envier. Pour sa force aussi et son élégance, toujours. Ma reconnaissance est infinie.

Je remercie mon éditrice, Charlotte von Essen, pour ses lectures attentives et sa direction littéraire. Grâce à elle, mes mots sont devenus un livre.

Je remercie ceux qui, au GIGN, m'ont fait confiance. Si j'ai commis quelques erreurs de procédure, qu'ils me pardonnent, j'en porte l'entière responsabilité. Merci à Marie L. pour son soutien technique, les femmes comme elle font la fierté de la gendarmerie. Merci à Monroulix qui incarne si bien l'honneur du Groupe, à Anaïs P., une fille géniale, à Émilie G. pour la visite du site et sa bienveillance.

Je remercie mes lectrices et mes lecteurs, tous ceux qui m'ont fouettée, corrigée, inspirée : Valérie Lejeune, ma sœur, elle sait tout ce que je lui dois. Delphine et Didier Le Pêcheur, si bons camarades : Vincent, Paulin, Delphine et les autres vous doivent beaucoup. Isabelle Weill, toujours si juste. Adrien Jaulmes sans qui l'Afghanistan serait resté une page Wikipédia. Le général David Galtier, pour ses conseils avisés et sa précieuse amitié. Dominique Valentinelli pour le travail de correction qu'il a effectué, tout en douceur, et avec beaucoup de finesse. Je remercie du fond du cœur Blandine et ses lions, tellement plus gentille que celle de mon livre, Julie Boucher, Matthias, Marie Dours, Laurence Bachman, Jean-François Luccioni. Un grand merci à Mohammed Aïssaoui et à son atelier magique.

Merci à Geneviève Dormann qui m'encourage tous les jours. Merci à ma fille Valentine et à son mari Geoffroy, je vous aime.

Enfin, merci à mon mari Jacques, qui m'a fait découvrir l'univers de la gendarmerie. Merci de m'avoir portée à bout de bras pendant ces années d'écriture. Sans lui, la vie serait tellement moins belle.

Composition : Soft Office.
Achevé d'imprimer
sur Roto-Page
par l'Imprimerie Floch
à Mayenne, en septembre 2022.
Dépôt légal : septembre 2022.
Numéro d'imprimeur : 101126.
ISBN 978-2-07-297210-2 / Imprimé en France.

430890